돈그릇을 키우는 6가지 방법

돈그릇을 키우는 6가지 방법

주 100시간 노동하는 부자가 아니라
주 10시간만 일해도 부자가 되는
시스템을 만들어라

김승현 지음

 page

'성공을 담아낼 그릇'을 키워라

먼저 이 책은 재테크서가 아니다. 제목 때문에 괜한 오해가 있을까 싶어 미리 밝혀 둔다. 여기서 말하는 돈그릇은 돈이 아닌 '성공을 담아낼 그릇'을 뜻한다. 성공을 담아낼 그릇을 준비하지 못한 사람은 눈앞에 기회가 와도 이를 담을 수 없다. 행여 담더라도 그 무게를 견디지 못해 넘어지거나 깨지기 일쑤다. 특히 장사꾼에게 그릇은 절대적이다. 자신의 그릇 크기만큼 손님을 담고, 자신의 그릇 크기만큼 매장을 키울 수 있기 때문이다.

스물세 살, 10평 매장에서 처음 장사를 시작했을 때 내가 그릇에 가장 먼저 담은 건 돈이 아닌 사람이었다. 연 매출 120억 원을 내는 식품회사를 운영하는 지금도 이 원칙에는 변함이 없다. 고객, 직원, 매출, 시간을 담을 그릇이 준비돼야 비로소 돈이 고인다. 내 그릇에 사람을 담아야 돈이 따라오고, 고객에 취해야 돈이 쫓아오는 것이다.

문제는 장사를 너무 쉽게 생각한다는 데 있다. '배운 게 없어서' '할 게 없어서' 장사를 해 보고 싶다는 사람이 많다. 만약 이들에게 회사를 하나 차려보라고 하면 어떨까? 대부분 "회사를? 내가? 어떻게?"라고 반문할 것이다. 그런데 가게를 내는 것은 작은 회사를 차리는 것과 같다. 아무리 작은 가게라도 기획, 영업, 마케팅, 인사, 재무, 노무 등 경영과 관련된 영역이 반드시 필요하다.

일례로 마케팅만 봐도 그렇다. 사업주가 마케팅의 '마'자도 모르면 외주 마케팅 업체에게 끌려다녀야 한다. 돈은 돈대로 쓰고 효과는 효과대로 보지 못하는 이중고를 겪게 되는 것이다. 회사 인사팀마다 채용 기준이 있듯 사업주도 자신에게 필요한 사람을 보는 안목과 직원을 뽑는 기준이 있어야 비로소 인력난에서 벗어날 수 있다. 이는 사업을 성공시키기 위해 '반드시 필요한 과정'이다.

그런데 열에 아홉이 이와 같이 '잘되기 위한 과정'은 생략하고 '잘된 후'만 생각한다. '장사가 잘되면 아파트를 한 채 사야지' '장사가 잘되면 매장을 하나 더 내야지' 하는 식이다. 사람들이 잘되기 위한 과정을 외면하는 이유는 어렵고 복잡하고 머리가 아프기 때문이다.

세상에 쉬운 일은 없다. 가만히 앉아 있는다고 누가 내 손에 숟가락을 쥐어 주거나 밥을 떠먹여 주지 않는다. 내 힘으로 살아남기 위해서는 그만큼의 노력이 필요한 법이다. 나 역시 지금까지 단 한 번도 쉬운 적은 없었다. 장사는 '그냥 열심히 하는 게'아니라 '반드시 되게 만드는 것'이라는 생각으로 문제가 생길 때마다 어떻게든 방법을 찾아내기 위해 최선을 다해 왔다. 연 매출 120억 원, 1분에 100그릇씩 팔리는 칼국수는 어쩌면 새로운 도전을 또 다른 성장의 기회로 받아들이고 비전을 현실로 만들기 위해 묵묵히 걸어온 시간에 대한 보답일지도 모른다.

우리가 그렇게 원하는 경제적 자유를 얻기 위해서는 급여 생활자가 아닌 사업 소득자가 돼야 한다. 그렇다고 단순히 사업 소득자에 그쳐서도 안 된다. 365일 자신의 노동력을 갈아 넣어야만 굴러가는 사업체라면 급여 생활자와 다를 게 없다. 그래서 시스템이 필요한 것이다. 주 100시간 노동하는 부자가 아니라 주 10시간만 일해도 부자가 되는 시스템을 만들어야 한다.

처음 출간 제안을 받았을 때 '내가 뭐라고 책을 내지?' '내 이야기가 책이 될 수 있나?'라는 생각에 고민이 많았다. 그런데 수많은 유튜브 댓글과 DM을 통해 상담을 요청해 오는 사람들을 보면서 어쩌면 미천한 내 이야기가 도움이 될지도 모르겠다는 생각이 들었다. 많이 부족하지만 지난 13년의 노하우를 담기 위해 최선을 다했다. 내 이야기가 단 한 사람에게라도 도움이 된다면 더 바랄 게 없다.

일찌감치 공부와 셀프 이별하고 동네에서 알아주는 말썽꾸러기였음에도 항상 믿고 지지해주신 어머니와 아버지께 진심으로 감사드린다. 늘 좌충우돌하는 천둥벌거숭이가 이만큼 건강하게 자랄 수 있었던 것은 오롯이 좋은 토양을 물려주신 부모님 덕분이다. 언제나 그랬듯 가족은 내게 1순위다. 그리고 묵묵히 곁을 지켜 주는 사랑하는 아내와 소중한 두 딸에게도 감사의 마음을 전한다.

일밖에 모르고 살았던 내게 제2의 인생을 열어 준 유튜브 채널 '휴먼스토리' 김도훈 님께도 진심으로 고마움을 전한다. '조조스토리'를 통해 만난 자영업자들과 앞으로 만나게 될 사람들에게 전하는 내 솔루션이 부족하나마 작은 도움이 되었으면 좋겠다.

작은 그릇은 빨리 채워진다. 큰 그릇을 채우려면 그만큼 오랜 시간이 필요하다. 그러므로 빨리 채워진 다른 사람의 작은 그릇을 보며 조급해하지 마라. 지금 이 순간에도 성공을 담아낼 그릇을 키우기 위해 고군분투하는 이 땅의 모든 자영업자의 건투를 빌며….

2022년 5월. 김승현

돈그릇을 키우는 방법 3 소비 심리

홀로서기

"철이 없었죠. 그럴듯한 타이틀이 탐나 14억 원을 투자했다는 게…"

"철이 없었죠. 그럴듯한 타이틀이 탐나 14억 원을 투자했다는 게…" 스물아홉, 말 그대로 철이 없었다. 그리고 겁도 없었다. 직장인은 때가 되면 승진과 연봉으로 그 가치를 인정받지만 자영업자는 다르다. 스스로 가치를 창출하지 않으면 도태되고 무기력해지기 쉽다. 그래서 장사하다 보면 장사꾼이 아니라 사업가로 불리기를 원하고, 어느 순간 사장이 아닌 대표라는 직함을 달고 싶어진다. 나 또한 그랬다. 20대의 마지막 혈기는 '요식업으로 성공하고 싶다' '그럴싸한 가게의 대표가 되고 싶다'라는 욕심으로 불타올랐고, 그 욕심은 결국 동업자와 함께 14억 원이라는 거금을 투자하게 만들었다.

P 패밀리레스토랑은 당시 대구에서 가장 잘나가는 프랜차이즈이자 전국적으로 알려진 핫한 음식점 중 하나였다. 창업을 결심하고 투자금 대비 원금 회수 기간을 계산해 보니 할 만하다는 생각이 들었다. 호기롭게 대구 중심가 도로변에 위치한 600평(주차장 400평, 홀 200평) 매장 계약서에 도장을 찍고 본격적으로 오픈 준비에 들어갔다.

그런데 오픈 준비를 하며 깨달았다. 나는 프랜차이즈를 하면 안 되는 사람이라는 것을. 스스로 이해하지 못하면 몸이 움직이지도 않을 뿐더러 비생산적이고 비효율적인 방식을 보면 일단 브레이크가 걸리는 성격이다. 본사가 시키면 시키는 대로 해야 하는 일개 가맹점주였음에도 불구하고 절대 일의 주도권을 놓지 않았다. 게다가 강자에게는 더욱 강한 스타일이다 보니 처음부터 본사와 불꽃이 튀었다. 일반적으로 프랜차이즈의 장점이라고 여겨지는 요소들이 내 눈에는 불합리하게만 보였으니 그 시작이 순탄할 리 없었다.

1차 전쟁, 인테리어 개별 시공

프랜차이즈 인테리어라는 게 그렇다. 모든 걸 본사에서 알아서 해주기에 점주는 OTP 카드를 들고 있다가 필요할 때마다 이체만 해주면 된다. 그런데 본사로부터 내려온 견적서에는 상식적으로 이해하기 어려운 금액이 적혀 있었다. 본사 커미션이 포함됐다고 해도 과한 금액이었다. 돈을 벌기도 전에 까먹게 생겼으니 개별 시공을 하는 수밖에… 자체 공사로 결정을 내리고 담판을 짓기 위해 본사를 찾아갔다.

"김 사장, 자체 공사는 안 된다니까."

"대표님, 본사 커미션을 포기하라는 이야기가 아닙니다. 원가로 해 달라는 이야기도 아닙니다."

"아, 글쎄 안 된다니까. 자체 공사가 말처럼 쉽지 않다고."

"어차피 뭐 내 대가리 깨지는 거 아닙니까. 공사하면 얼마 법니까? 한 1억 됩니까?"

"큰일 날 소리! 그 정도는 아니다."

"그럼 200평 평당 30만 원씩, 6,000만 원 감리비 별도로 드릴게요."

감리비 6,000만 원에 가맹비 2,000만 원 총 8,000만 원을 지불하고 자체 공사를 시작했다. 철거를 시작으로 폐기물 처리, 소방, 환기, 전기, 목공, 미장 등 신경 쓸 게 한두 개가 아니었지만 비용 절감을 위해 열심히 뛰어다녔다. 그럼에도 매일 아침 눈을 뜨면 백 단위, 천 단위의 돈이 쉴 없이 통장에서 빠져나갔다. 돈이 줄줄 샌다는 말이 무슨 의미인지 날마다 실감하는 하루였다.

───── **2차 전쟁, 25톤 덤프트럭 엔진을 찾아라**

P 레스토랑은 미국 고속도로를 이미지화한 인테리어가 콘셉트다. 자동차 부품, 여행 가방, 지도, 주유소 표지판 등 고속도로에

서 만날 수 있는 각 요소를 실내 장식으로 활용해 유명세를 탔다. 그 중에서도 탱크로리 가운데 구멍을 뚫어 만든 카운터와 매장에 전시된 25톤 덤프트럭 엔진은 이곳 인테리어 시그니처로 반드시 설치해야만 했다. 문제는 역시나 비용이었다.

본사는 엔진 비용 1,000만 원, 탱크로리 카운터 비용으로 1,800만 원을 요구했다. '분명 폐차되는 트럭에서 나온 부품일 텐데 중고차 한 대 값을 달라고?' 대충 머리를 굴려 봐도 이들 부품을 구매하는 데 1,000만 원이면 될 것 같았다.

점주는 사업 파트너지 노예가 아니다. 그들에게는 수많은 가맹점 중 하나였을지 몰라도 나는 14억 원이라는 거금을 투자했고, 이 레스토랑을 반드시 성공시켜야 했다. 본사 눈치를 보며 끌려다니기에는 내 절실함이 너무 컸다. 초기 투자비용을 한 푼이라도 아껴야 고객에게 좀 더 많은 것을 돌려줄 수 있을 것 아닌가. 엔진과 탱크로리를 직접 구매하기로 결정하고 또다시 본사를 찾아갔다.

"아니, 김 사장. 이런 거 아낄 생각하지 말고, 하루라도 빨리 오픈해서 돈 벌 생각을 해야지. 시간이 돈이라니까!"

"아, 그건 늘 생각하고 있죠. 대표님이 걱정하시는 거 잘 압니다. 근데 티끌 모아 태산이라고 저는 아껴야 되겠습니다."

"아니, 이건 인테리어랑 달라요. 개인적으로 엔진을 못 구한다니까."

"대표님, 그럼 말 나온 김에 이것도 해결합시다. 얼마 드리면 되는데요?"

나름 적당한 금액을 협상한 후 자체적으로 엔진을 구매하기로 결
정했다.

─────── **방향이 잘못되면**
속도는 아무런 의미가 없다

언제나 그렇듯 주변에서는 "뭐 그렇게까지 피곤하게 사느
냐"라는 이야기가 들려왔다. 오픈 준비로 신경 쓸 게 태산인데 괜한
신경전으로 진 빼지 말고 본사가 납품하는 엔진을 받으라는 충고가
이어졌다. 내가 간절하면 어쩔 수 없다. 방법을 찾아야만 한다.

중고차 매장, 폐차장, 자동차 폐부품을 가져가는 고물상 등을 이
잡듯 뒤졌다. 그런데 이게 웬일인가. 엔진은커녕 엔진 그림자도 구경
할 수가 없었다. "개인적으로 구하는 건 불가능하다"라는 본사의 말
을 믿지 않았는데, 그 이야기가 사실이었던 것이다. 얼마나 구하기가
어려웠으면 '중고 트럭을 사서 엔진만 사용할까?'라는 황당한 생각을
했을까.

대한민국에 쓸모없는 덤프트럭이 없다는 게 문제였다. 노후화로
국내에서 거래가 불가능한 덤프트럭은 부품 교체와 수리를 거쳐 아
프리카와 동남아시아, 중남미 등으로 수출된다. 폐차장이나 국내 중
고차 매장이 아닌 중고차 '수출' 시장을 찾아야 했던 것이다.

오래전 한 후배의 아버지가 무역상사를 운영한다는 이야기를 들은 기억이 떠올랐다. 수년 만에 전화를 걸어 25톤 덤프트럭 수출업체를 알아봐 달라고 부탁했다. 그리고 하루 뒤 그 후배로부터 인천에 위치한 한 업체의 연락처를 받을 수 있었다.

　　서둘러 해당 업체로 전화를 걸었다. 그런데 자신들은 완제품을 수출하기 때문에 부품만 따로 팔지 않는다는 답변이 돌아왔다. '아, 방향이 잘못되었구나!' 폐차장이나 수출업체가 아닌 수출 전 트럭을 상품화하는 업체를 찾아야 했던 것이다. 이 미묘한 차이를 몰라 수많은 길을 돌고 또 돌아야 했다.

　　방향이 잘못되면 속도는 아무런 의미가 없다. 오히려 목적지와 더 멀어지게 만들 뿐이다.

유난스럽고 불편한 사람이 되는 것을 두려워하지 마라

마침내 그렇게 찾아 헤매던 덤프트럭 전문 수리 업체를 발견했다. 업체의 안내에 따라 창고 문을 열고 들어간 순간 입이 떡 벌어졌다. 그렇게 애달프게 찾아다니던 25톤 트럭 엔진은 물론 실린더, 크레인, 탱크로리 등 덤프트럭 관련 부품이 마치 크리스마스트리처럼 쌓여 우리를 반겨 주었던 것이다.

그 업체를 통해 트럭 엔진은 150만 원, 탱크로리는 600만 원에 구입, 무려 2,050만 원의 비용을 절감할 수 있었다. 기세등등하게 본사 문을 열고 들어갔다.

"대표님, 도대체 어느 업체에서 엔진을 납품 받기에 그리 눈탱이를 맞고 다니십니까?"

"나 거짓말 안 하고 700만 원에 받아요."

"앞으로 오픈 예정인 매장이 얼마나 됩니까?"

"글쎄, 한 30개 정도 더 안 생기겠습니까…"

"30개면 한 대당 500만 원씩만 싸게 사도 1억 5,000만 원이네요. 대표님, 제가 1억 5,000만 원 벌게 해드릴까요?"

대표는 물론 경영진들조차 150만 원에 엔진을 구매했다는 사실을 믿지 않았다.

"김 사장, 말도 안 되는 소리 하지 마소. 5톤짜리 소형 엔진하고 착각하는 거 아이가?"

동일 엔진임을 확인한 경영진들은 진짜로 당황하기 시작했다. 그들은 실제로 고가에 납품을 받고 있었던 것이다.

_____ **3차 전쟁, 매장 가구 비용**

매장 가구 비용도 문제였다. 200평 매장에 들어가는 테이블은 60여 개, 의자와 부대 가구 외 본사 커미션까지 합쳐도 8,000만 원은 너무 과했다.

공사 현장을 진두지휘하며 가구 시장 조사에 나섰다. 뭘 알아야 본사와 싸움을 하든 타협을 하든 할 것이 아닌가. 또다시 전투 준비에 나서는 모습을 보며 주변에서는 "왜 자꾸 문제를 만드느냐"라고 말

렸지만 문제를 만드는 게 아니라 합리적으로 해결하고 싶은 것이다.

불합리하고 비효율적인 기존의 관성을 습관적으로 수긍하고 받아들일 이유는 없다. 기존의 질서를 무턱대고 파괴하라는 게 아니라 모든 가능성을 열어 놓고 현상을 바라보라는 이야기다. 경영자에게 가장 큰 기회 손실이 발생할 때가 언제인 줄 아는가? 그 무엇도 결정하지 않을 때다. 아니, 결정하지 못할 때다.

본사의 가구 비용이 비싼 이유는 단순했다. 수입원 마진+유통업체 마진+가구점 마진이 붙은 물건을 매입해 본사 마진까지 붙였으니 원가 4,000만 원짜리 가구가 8,000만 원이라는 청구서로 점주에게 돌아오는 것이다. 결국 전국을 뒤져 해당 가구 수입원을 찾았고 똑같은 브랜드의 가구를 4,500만 원에 구입해 총 3,500만 원의 비용을 절감할 수 있었다.

_____ **4차 전쟁, 직원 교육**

우여곡절 끝에 오픈 일이 다가왔다. 이번에는 직원 교육이 문제였다. 프랜차이즈 본사는 오픈 전 점주와 직원을 대상으로 레시피, 서비스, 위생, 고객 접객 등에 대한 교육을 실시한다. 보통 3~7일 정도 교육이 이루어지는데, 내 기준으로는 교육 시간이 턱없이 부족했다. 매장 규모, 직원 수, 레시피의 복잡함을 고려할 때 최소 2주 정도 교육을 받아야 한다고 생각했다.

당시 P 레스토랑은 프랜차이즈라기보다는 정통 이탈리안 레스토랑에 가까운 레시피를 갖고 있었다. 레몬에이드는 원액이 아닌 착즙 방식이었고, 피자도 오븐이 아닌 화덕에 구워야 했다. 물론 이런 점 때문에 손님들에게 인기가 높았던 건 사실이지만 실무진의 입장에서는 번거로울 수밖에 없다.

예를 들어 피자의 경우 오븐에 굽는 피자는 온도와 시간만 맞춰 놓으면 알아서 구워진다. 반면 화덕에 굽는 피자는 온도와 시간 외 정성이 필요하다. 피자 한 개를 구울 때와 여러 개를 동시에 구울 때 화덕 내부의 온도 자체가 달라지기 때문이다. 주문량에 따라 화덕의 온도를 조절하는 것은 물론이고 골고루 익도록 피자 위치를 계속 바꿔 주어야 하는데 초보자에게는 결코 만만치 않은 일이다.

파스타라고 별반 다를 게 없다. '원 팬' 조리 원칙으로, 카르보나라 3인분 주문이 들어오면 3개의 화구에 3개의 팬을 올린다. 당시 주방에는 파스타용 화구가 6개 있었는데, 피크타임이면 담당자는 6개의 화구를 동시에 잡아야 했다. 이런 시스템이 잡혀 있지 않으면 대형 매장은 운영 자체가 불가능하다.

처음 2주로 생각했던 교육 기간은 어느새 한 달 반으로 늘어났다. 다른 매장들은 보통 5명 정도 교육을 받는데 우리는 교육에만 25명을 투입했다. 채소를 다듬고 설거지를 하는 주방 보조는 물론 홀 서빙을 담당하는 아르바이트생까지 모두 교육에 참여시켰기 때문이다. 이때 지급된 인건비만 3,800만 원이다. 돈은 이럴 때 써야 하는 것이다.

사람들은 어찌 된 일인지 진짜 써야 할 곳에는 돈을 쓰지 않고, 쓰지 말아야 할 곳에 돈을 쓴다. 목이 좋은 자리, 인테리어, 홍보 등이 바로 그렇다. 직원에 대한 투자는 얼마를 써도 아깝지 않다. 고객과의 접점에 있는 사람은 사장이 아니라 직원이다. 그들을 제대로 훈련하지 않으면 고객은 결코 좋은 서비스를 받을 수 없다.

────── **불편한 사람이 되는 것을 두려워하지 마라**

성공한 사업가는 훌륭한 교육자라는 말이 있다. 핵심 인력이 스스로 의사결정을 내리고 실행 능력을 갖춘 관리자가 될 때까지 끊임없이 교육을 시켜야 한다. 내가 혼자 10만 원을 버는 것보다 함께 일하는 10명이 각자 5만 원을 버는 게 더 많은 이익을 남기기 때문이다.

예상대로 교육비를 들은 관리자는 "이 미친 짓을 왜 하느냐"라고 물었다. 그렇게 본사와 싸우면서 인테리어와 시설, 집기 비용을 줄여놓고 왜 엉뚱한 곳에 돈을 버리는지 도무지 이해할 수 없다고 했다. 굳이 교육을 하지 않아도 일을 하다 보면 자연스럽게 적응이 되고 시스템이 잡힌다는 것이다. 틀린 말은 아니지만 그렇게까지 되려면 많은 시간이 필요하다. 또한 그 시간은 우리에게 필요한 것이지 손님에게 필요한 게 아니다. 고객을 대상으로 레시피를 실험하고 시스템을 점검해서는 안 된다. 업주는 자신의 매장을 찾아준 고객에게 항상 최상의 서비스와 메뉴를 제공할 의무가 있다.

본사에서 트럭 엔진을 납품 받지 않고 스스로 구해 보겠다고 나섰을 때, 가구 수입원을 찾아 전국을 헤맬 때, 직원 교육비로 3,800만 원을 사용할 때 주변 사람들에게 나는 '유난스럽고 불편한 사람'이 돼 있었다. 그 유난스러움은 본사 경영진과 동업자를 힘들게 했다.

그런데 자신만의 원칙을 지키려면 때로는 유난스러운 사람이 돼야 한다. 자신만의 기준을 유지하려면 종종 불편한 사람도 돼야 한다. 여기서 말하는 불편한 사람은 한마디로 흔들리지 않는 자신만의 원칙과 기준이 있는 사람이다. 그러니 불편한 사람이 되는 것을 두려워하지 마라.

이를 위해서는 무엇보다 "이 정도면 됐다"라고 스스로와 타협하고 자기합리화하는 일을 멈춰야 한다. 의심이 들면 어설프게 만족하지 말고 끝까지 파고들어 그 끝을 봐야 한다. 내가 무엇을 모르는지 치열하게 고민하고 그 답을 찾아야 한다. 그래야 비로소 중심을 잃지 않고 단단하게 성장할 수 있다.

월 매출 3억 원, 슈퍼 카를 타는 스물아홉 살의 청년 사업가

'월 매출 3억 원, 슈퍼 카를 타는 스물아홉 살의 청년 사업가'. 누가 봐도 멋진 타이틀이다. 사람들을 혹하게 만드는 이 성공 스토리는 어느 정도 마케팅에 도움이 됐고, 덕분에 "대구 바닥 돈을 다 쓸어간다"라는 말을 들을 정도로 승승장구했다. 아니 승승장구하는 것처럼 보였다. 하지만 눈부신 외형적 성장과 달리 현실은 빛 좋은 개살구에 불과했다.

당시 내게는 동업자와 함께 엄청난 금액의 대출금이 있었다. 월세 2,200만 원, 30~40명 직원의 급여, 프랜차이즈 로열티 등 매월 고정비로 나가는 돈이 억대가 넘었다. 여기에다 부모님께 약속한 생활비

500만 원과 가정을 이뤘으니 우리 집 생활비가 따로 필요했다. 두 집 생활비와 대출 이자 등 가게와 상관없는 개인 지출로만 매월 1,800만 원이 나가야 하는 상황이었다. 솔직히 살면서 그때처럼 돈의 압박을 받아 본 적은 전무후무하다. 오죽하면 '숨만 쉬어도 나가야 할 돈'이라고 따로 메모해 놓고 해결해 나갈 때마다 하나하나 볼펜으로 지웠을 정도다.

대학교 앞 옷 가게, 온라인 의류 쇼핑몰, 닭강정 가게를 할 때만 해도 손님들과 소통을 즐기며 장사하는 게 가능했다. 하지만 단순히 즐기며 하기에는 그 규모가 너무 커져 버렸다. '투자금을 잃어서는 안 된다. 반드시 이 돈을 지켜야 한다'라는 위기감은 두려움과 불안감을 몰고 왔다. 하지만 많은 사람이 나만 바라보고 있었기에 입에서 쓴물이 나올 정도로 이를 악물고 뛰었다.

덕분에 요식업에 대한 체계를 배우고 매장 시스템을 익혔지만 정말이지 다시는 돌아가고 싶지 않은 지옥 같은 시간이다. 그리고 이때부터였을 것이다. 장사가 아닌 사업으로 생각의 전환이 이뤄진 것이.

_____ **성공은 늦을수록 좋다는 그럴듯한 거짓말**

본사는 가만히 있어도 매월 로열티와 가맹비, 물류비, 교육비 등이 들어오지만 점주는 다르다. 숨만 쉬어도 임대료와 인건비,

전기세, 수도세, 음식물 처리비, 공과금, 세금 등이 계속 발생한다. 고정비는 물먹는 하마처럼 입을 벌리고 있는데 매출이 답보 상태면 사업주는 그야말로 벼랑 끝에 선 느낌을 받는다. 흔히 성공은 늦을수록 좋다고 하지만, 이는 성공이라는 계단 위에 선 사람이나 할 수 있는 듣기 좋은 소리다. 특히 자본금을 최대로 끌어다 쓰거나 오버스펙으로 창업한 사람들의 조바심은 이루 말할 수 없다. 이때의 경험으로 지금은 자본금의 50퍼센트를 여유 자금으로 남겨 놓지만, 당시에는 남들과 똑같이 맥시멈으로 투자금을 밀어 넣었다. 나도 이런 시절이 있었음을 밝혀 두는 것이다.

_____ **노는 꼴(?)은 볼 수 없다**

모든 일이 그렇지만 끊임없이 성장하고 확장되는 사업은 없다. 기세등등하게 승전보를 울리며 매월 계단식으로 상승하던 가게도 어느 순간 정체기에 접어들고 성장세가 꺾인다. P 레스토랑도 그랬다. 단골 고객은 어느 정도 확보했지만 신규 고객의 유입이 쉽지 않았다. 한마디로 대구에서 올 만한 사람은 다 온 것이다. 돌파구를 찾던 어느 날, 갑자기 관리자가 아르바이트생들에게 반반차를 주자고 나섰다. 얼핏 들으면 상대를 위한 것 같지만 속내를 들여다보면 전혀 다른 사정이 숨어 있다.

여느 매장이 그렇듯 레스토랑도 보통 오후 3~6시에 손님이 뚝 끊긴다. 그 시간을 브레이크타임으로 두는 매장도 많은데, 처음 장사를 시작한 순간부터 지금까지 나는 단 한 번도 브레이크타임을 둔 적이 없다. 우리 가게를 찾아준 손님을 헛걸음하게 만드는 것이 용납되지 않을뿐더러 돈을 벌러 온 아르바이트생에 대한 예의가 아니라고 생각하기 때문이다. 하지만 관리자의 뜻은 좀 달랐다.

"매출도 정체 상태고 비용을 절감할 때가 온 것 같다. 어차피 오후에는 손님이 별로 없으니, 알바들을 3시에 내보냈다가 6시에 다시 출근시키자. 그러면 어느 정도 인건비를 줄일 수 있다."

한마디로 반반차를 주자는 말이다.

그렇다면 세 시간 동안 아르바이트생들은 어디에 가 있으라는 말인가? 시간을 때우려면 어쩔 수 없이 PC방이나 카페를 찾아야만 한다. 돈을 벌러 왔는데 자신의 돈을 쓰며 무의미한 시간을 버텨야 하는 것이다. 인건비는 업주가 해결할 문제지 직원이나 아르바이트생이 책임져야 할 문제가 아니다. 기본 근무 시간은 어떻게든 보장해주는 게 맞다.

이런 이유로 반반차를 반대하자 관리자는 아르바이트생들에게 매일 200평이 넘는 유리창을 닦게 했다. 노는 꼴(?)을 못 보겠다는 이유에서다. 관리자는 관리자대로 뿔이 나 있고 아르바이트생들은 괜히 눈치를 보며 시간을 때우는 불편한 상황이 이어졌다.

"애들한테 더 이상 의미 없는 일을 시키지 마라. 내가 좀 더 생산적으로 시간을 보낼 수 있는 방법을 찾아볼게."

———— 배달 손님들을 매장으로 오게 만드는 법

'어떻게 하면 새로운 고객이 우리 매장을 찾아오게 할 수 있을까? 그리고 유리창을 닦으며 세 시간을 버텨야 하는 아르바이트생들에게 생기를 불어넣어 줄 만한 일이 뭐가 있을까?' 고민 끝에 배달을 해 보기로 결정했다. 그때까지만 해도 우리는 배달을 하고 있지 않았다.

배달을 결정하고 나니 또 욕심이 생겼다. 하여간 이놈의 욕심이 문제다. 아무리 매장에서 정성을 다해 만들어도 배달 과정을 거치면 음식의 퀄리티가 떨어진다. 배달의 특성상 눅눅해지거나 불어터지거나 미지근하게 식은 음식을 맛볼 수밖에 없다. 음식 상태가 최상일 때 고객에게 맛보이고 싶다는, 즐거운 분위기에서 맛있는 음식을 선사하고 싶다는 욕심은 어느새 '어떻게 하면 배달 손님을 직접 매장으로 오게 만들 수 있을까?'로 발전했다.

음식 퀄리티보다 편리함을 선택한 고객들을 매장으로 유도하기 위해서는 물리적인 무언가가 필요했다. 그래서 탄생한 것이 무료 음식 쿠폰이 포함된 배달 전단지다. 여기까지는 별다를 게 없는 내용이다. 문제는 그 쿠폰이 무엇을 담고 있느냐 하는 것이다.

단 1퍼센트의 확률을 위해
사력을 다해 뛰는 게 사업이다

아파트 현관을 보면 하루에도 몇 장씩 새로운 전단지가 쌓인다. 음식점, 학원, 헬스장, 슈퍼마켓 등 그 종류도 다양하다. 직업이 직업이다 보니 특히 음식점 전단지를 눈여겨보는데 '음료수 쿠폰'이 붙어 있는 전단지를 보면 안타까운 생각이 든다. 단골이 아닌 이상 콜라나 커피 한잔 얻어먹으려고 굳이 매장을 찾는 사람이 몇이나 되겠는가. 나부터도 귀찮아서 안 간다. 그리고 동일한 서비스를 제공하는 경쟁자가 너무 많다. 경쟁력이 없는 면피용, 생색내기용 쿠폰은 차라리 발행하지 않는 게 낫다.

무엇보다 '고객에게 무언가를 돌려줄 때'는 사심이 없어야 한다.

처음부터 원가 대비 이익률은 선택지에 존재하지 않아야 한다. 득과 실을 따지면 고객에게 줄 수 있는 게 적어진다. 그러니까 음료수 쿠폰이 남발되는 것이다.

쿠폰에 삽입할 메뉴를 결정하기 위해 다음 3가지 기준을 정했다. '당장의 이익은 생각하지 않는다' '원가는 고려하지 않는다' '고객이 받고 기뻐할 만한 제품을 선물한다'가 바로 그것이다. 한마디로 비싸고 맛있는 음식을 넣겠다는 의미다.

_____ **"그게 얼마나 효과가 있겠어요?"**

P 레스토랑을 운영할 당시 맛은 있지만 다소 높은 가격으로 고객들이 선택을 망설이는 메뉴가 몇 가지 있었다. 대표적으로 송아지 갈비 피자가 그랬다. 1만 4,000원짜리 송아지 갈비 피자는 원가가 가장 높을 뿐 아니라 만들기도 까다로운 메뉴였다. 간장 소스 때문에 화덕에서 쉽게 깨져 실무자들이 애를 먹는 제품이기도 했다. 역시나 관리자와 주방 담당자는 이 결정을 그리 반기지 않았다. 귀찮은 일이 하나 늘어난 것이니 그들의 입장을 이해하지 못하는 바도 아니다.

그런데 사냥에 나선 사자가 한눈파는 것을 본 적이 있는가? 사자는 수십 마리의 물소 떼를 향해 돌격하지만 타깃은 언제나 단 한 마리다. 목표를 분명히 정한 뒤 이를 향해 사력을 다해 뛴다. 사냥에 성공하느냐 실패하느냐는 차후 문제다. 최선을 다했다는 게 중요하다.

사냥에 실패하더라도 경험을 통해 다음 사냥의 성공 확률을 높이면 된다. 장사도 마찬가지다. 역량이 부족하거나 위기에 처할수록 핵심 아이디어 하나에 집중하는 힘이 필요하다.

1만 원이 넘는 음식을 쿠폰으로 제공하겠다고 결심했을 때 "그게 얼마나 효과가 있겠어요?" "와서 쿠폰만 쓰고 가면 어떡해요? 우리가 손해잖아요"라는 말을 무수히 들었다. 그런데 어떤 일을 하기에 앞서 "해 봤는데 안됐다" "절대 못 한다" "불가능한 일이다"라는 말을 달고 사는 사람은 생전 일을 만드는 법이 없다. 오늘 할 일을 내일로 미루고 퇴근 시간만 기다리고 앉아 바쁘게 일하는 동료에게 "내 가게도 아닌데, 내 회사도 아닌데 무엇 때문에 그처럼 열심히 일하느냐"라고 되묻는다. 이런 사람을 설득시키는 방법은 단 하나다. 행동으로 결과를 보여주는 것이다.

⎯⎯⎯⎯ 현금화할 수 있는 재산 가치를 지닌 문서

안다. 오늘 쿠폰을 받았다고 해서 내일 당장 매장을 방문하는 사람은 없다. 하지만 쿠폰을 가진 사람이 그렇지 않은 사람보다 매장을 방문할 확률은 더 높다. 그 작은 확률을 위해 사력을 다해 뛰어야 하는 게 사업이다.

사람들이 5등에 당첨된 로또를 지갑에 넣고 다니는 이유는 언제든

다른 복권으로 바꿀 수 있기 때문이다. 유식한 말로 복권은 '유가증권' 쿠폰은 '화폐증권'이라고 하는데, 당장 현금처럼 쓸 수는 없지만 언제든 현금화할 수 있는 재산 가치를 지닌 문서라는 뜻이다.

실제로 '쿠폰=현금'이라고 생각하는 사람이 많다. 흔하디흔한 음료수 쿠폰이라면 100원짜리 동전 보듯 무심코 지나치지만 현금 1만 원의 가치를 지닌 쿠폰은 다르다. 당장은 아니더라도 언젠가 쓸 일이 있을 거라는 생각으로 지갑에 넣어 둔다.

열심히 쿠폰을 준비하는 나를 향해 관리자는 "그게 매출에 얼마나 도움이 되겠느냐"라고 하며 회의적인 표정을 지어 보였다. 당장의 이익을 원한다면 한시적으로 음식 가격을 다운시키는 게 낫다. 하지만 계속 저가 정책을 유지하지 못한다면 제 살 깎아 먹는 일이 될 뿐이다. 더 낮은 가격을 내놓는 경쟁자가 나타나거나 비슷하지만 퀄리티가 더 좋은 매장이 문을 열면 손님은 연기처럼 빠져나간다.

_____ **매장 방문의 선순환**

이런저런 염려 속에서 1등 송아지 갈비 피자, 2등 닭고기 순살 로스트 3조각, 3등 마늘빵 쿠폰이 삽입된 전단지가 완성됐다. 전단지를 챙겨 들고 매장 직원들에게 무전을 날렸다.

"드디어 기다리고 기다리던 배달을 시작한다. 나와 함께 전단지를 뿌릴 전단지 '어벤저스 1기'를 모집 중이니 관심 있는 사람은 지금 즉

시 매장 입구로!"

같은 말이라도 '아' 다르고 '어' 다르다고, '전단지 뿌리러 갈 사람'
과 '전단지 어벤저스'가 주는 뉘앙스는 천지 차이다. 전단지를 뿌리
는 게 나쁜 일은 아니지만 대부분의 사람이 하기 싫어하는 일에 속하
는 건 분명하다. 그런데 팀이 되면 이야기가 또 달라진다. 일종의 '놀
이'가 될 수도 있다. 아니나 다를까, 기계적으로 매장 유리창과 테이
블을 닦고 있던 아르바이트생 몇 명이 무전 내용을 듣고 신나게 달려
왔다.

"오케이! 김승현 외 4인 전단지 어벤저스 출동합니다."

그렇게 남은 사람들에게 무전으로 임무를 알리고 우리는 미지의
땅을 개척하는 탐험가들처럼 호기롭게 매장을 나섰다.

보통 배달을 시작하면 매장에서 가까운 아파트나 오피스를 공략
하기 마련이다. 하지만 우리는 매장에서 다소 거리가 먼 신천동을 첫
번째 타깃으로 삼았다. 1,000세대가 넘는 대단지 아파트가 그곳에 있
었기 때문이다. 무엇보다 매장 근처에 있는 사람들은 배달이 아니어
도 직접 방문할 기회가 많고, 또 근처에서 올 만한 사람은 다 왔기 때
문에 신규 고객 유치를 위해서는 더 멀리 나가야 했다.

열심히 전단지를 붙이고 돌아오는 길, 아르바이트생들과 함께 아
이스크림 하나씩을 입에 물었다. 그리고 "오늘 우리의 노력은 분명
내일의 성과로 돌아올 거다!"라며 고마운 마음을 전했다. 그런데 그

날 저녁 무전기 너머로 흥분에 찬 목소리가 흘러나왔다.

"대표님! 대표님! 어벤저스팀 성과가 나왔어요. 신천동 ○○아파트에서 주문 들어왔습니다!"

몇 시간 후 같은 아파트에서 두 건의 배달이 더 들어왔다. 그전까지 배달 책자는 물론 배달 업체도 쓴 적이 없기 때문에 전단지의 효과가 분명했다. 그리고 그달에만 배달 매출이 3,500만 원 정도 올랐다.

거기서 끝이 아니었다. 애초의 목적대로 배달을 시킨 사람들이 쿠폰을 들고 매장을 찾아오기 시작했다. 그리고 매장에서 쿠폰을 사용한 사람들이 또다시 쿠폰을 받기 위해 집으로 돌아가 배달을 시켰다. 쿠폰은 배달 고객에게만 제공하도록 시스템을 잡아 두었기 때문이다. 배달 주문(+쿠폰) → 매장 방문 → 배달 주문(+쿠폰) → 매장 방문의 선순환이 이루어진 것이다. 서비스용이 아닌 정식으로 판매되는 음식을 선물한 결과였다.

_____ **빈곤한 리뷰의 향연**

고객은 늘 신박하고 새롭고 특별한 걸 찾을 것 같지만 사실은 그렇지 않다. 요즘 등장한 펀슈머(Fun+Consumer), 가잼비(가격 대비 재미 비율)도 마찬가지다. 아무리 재미있는 상품이어도 소비자의 마음을 움직이는 '일련의 가치'가 없으면 외면당하기 일쑤다.

'인스타에 인증을 남겨 주시면 음료수를 서비스로 드립니다'라는 이벤트를 진행하는 음식점이 꽤 많다. 진정성 있는 리뷰를 원한다면 그만큼의 투자를 해야 한다. 2,000원짜리 음료수 서비스를 받으면 1,000원짜리 리뷰를 써 주는 게 사람의 심리다. 상투적이고 성의 없는 빈곤한 리뷰밖에 안 달리는 것이다.

나는 쿠폰을 발행할 때 사용 기한, 얼마 이상 구매 시 사용 가능, 중복 사용 불가 등의 제한이나 단서를 달지 않는다. 한 번에 4, 5개의 쿠폰을 사용하거나 주문 없이 쿠폰으로 포장만 해가는 것도 오케이다. 4, 5개 쿠폰을 가지고 있다는 건 그만큼 우리 가게를 자주 이용해 주었다는 이야기다. 이보다 고마운 고객이 어디 있는가.

다른 손님을 끌어당길 수 있는 진정성 있는 리뷰를 원한다면 가장 스페셜한 메뉴를 서비스로 제공해 보라. 지금까지와는 차원이 다른 정성 가득한 리뷰를 발견하게 될 것이다. "그렇게 하면 남는 게 없잖아요?"라고 반문하는 사람이 있는데, 그 리뷰를 보고 새로 유입되는 고객이 한 명이라도 있으면 절대 손해 보는 장사가 아니다.

내 이익에 관심 없는
사람들의 위협을 두려워하지 마라

'장사에 꽂히면 이상하게' 성공 사례만 눈에 들어온다. 폐업은 나와 상관없는 다른 나라의 일일 뿐, 이유 모를 근자감이 치솟는다. 서민 갑부, 대박집의 피땀 어린 이야기에 '노하우라고 해 봤자 별거 없네!' '저 정도면 나도 할 수 있겠어'라는 생각이 드는 것이다. 그리고 '장사에 꽂히면 이상하게' 마음이 급해진다. 지금이 아니면 안 될 것 같고, 더 늦으면 경쟁자가 아이템을 선점할 것 같고, 금방 돈을 벌 것 같은 기분이 든다. 그래서 가장 빠르게 창업할 수 있는 프랜차이즈 가맹점 또는 전수 창업을 고려하기 시작한다. 계획을 세우는 전문가와 달리 닥치는 대로, 되는대로 좌충우돌하는 아마추어의 특징이 고스란히 드러나는 순간이다.

온라인 카페, 네이버 지식인 등을 보면 '냉면 레시피 좀 알려 달라' '족발 레시피 전수 가능한 사람을 찾는다'라는 글을 심심찮게 볼 수 있다. 이처럼 타인에게 핵심 레시피를 받아서 창업하는 형태를 전수 창업이라고 한다. 과거에는 수천만 원도 들었다고 하는데 요즘에는 기술력을 대신할 기성품이 워낙 잘 나와 있어서 단돈 수십만 원에 레피시를 전수하기도 한다. 메뉴 개발 업체를 통하면 더 저렴한 가격에 레시피를 받을 수도 있다. 하지만 이런 경우 실패로 끝날 확률이 높다. 전수 창업자의 경우 시험지 답안만 달달 외운 꼴로 기출 변형을 해결할 능력이 없기 때문이다.

_____ **8평 매장, 월 순수익 3,000만 원!**
여러분도 그 주인공이 될 수 있습니다

프랜차이즈는 주방장의 경험과 손맛에 의지하던 레시피를 표준화하고 규격화하고 대량화시켜 전국 어디서든 같은 맛과 서비스를 경험할 수 있게 만들었다. 이 말은 곧 '장사 경험이 없고' '평생 라면 한번 자기 손으로 끓인 적 없는 사람'도 평균 이상의 음식을 만들어낼 수 있다는 뜻이다.

혹시 창업 설명회에 가 본 적이 있는가? 그들은 점주의 믿음과 미래를 담보로 잡고 자신들의 주머니를 채우는 데 혈안이 돼 있다. '8평 매장, 월 순수익 3,000만 원! 여러분도 그 주인공이 될 수 있습니다!' 라는 허무맹랑한 엑스배너를 걸어 놓고 순진한 사람들을 유혹한다. 그들의 말을 들으면 몇 개월 안에 투자금을 회수하고 돈방석에 앉을 것 같지만 현실은 그렇지 않다. 주말 밤낮없이 하루 12시간 일해도 인건비조차 건지기 어렵다.

물론 프랜차이즈의 장점도 무시할 수는 없다. 바로 시스템이다. 나 역시 P 패밀리레스토랑을 운영하면서 개인 창업, 독립 창업으로는 절대 경험할 수 없는 시스템을 단기간에 습득할 수 있었다. 이때 배운 시스템 덕분으로 비교적 짧은 시간에 연 매출 120억 원을 달성하게 됐으니 고마운 경험임에는 틀림없다.

그럼에도 불구하고 프랜차이즈에 대해 그리 긍정적이지 않은 이유는 다음과 같다.

_____ **프랜차이즈라는 신세계**

첫째, 프랜차이즈의 장점인 표준화, 규격화로 인해 창의성과 자율성을 발휘하기 어렵다. 일단 유연성이 떨어진다. 프랜차이즈를 할 때 가장 답답하고 어려웠던 부분도 바로 여기에 있다. 내 돈 주고 내가 더 좋은 재료를 쓰겠다고 해도 안 되고, 감당할 수 없는 물류비에 판매가를 조금 올리고 싶어도 본사가 허락하지 않는다. 이벤트 하나를 진행하려고 해도 협의해야 하고 더 나은, 더 좋은, 더 새로운 방법이 있어도 본사 클레임이 무서워서 말 잘 듣는 착한 학생으로 살아야 한다.

'내 것을 만들고 싶다' '좀 더 발전하고 싶다' '손님에게 더 많은 것을 돌려주고 싶다'라는 생각은 본사와 정반대에 서겠다는 것과 같다. 매장을 운영하는 내내 대립각을 세워야 하는 것은 물론 페널티까지 각오해야 한다. 최악의 경우 가맹점 계약이 해지될 수도 있다. 아이러니하게 내가 프랜차이즈를 하면서도 성공할 수 있었던 이유는 가맹점과 반대 노선을 선택했기 때문이다. 내 이익에 관심 없는 사람들의 위협을 두려워하지 않았던 것이다.

둘째, 경험의 깊이가 다르다. 좌충우돌하며 온몸으로 직접 부딪혀 얻은 경험과 본사에서 시키는 대로 움직여 얻은 경험은 그 질과 양에서 엄청난 차이가 난다. 본사의 매뉴얼대로 움직이는 게 익숙한 사람들은 매뉴얼에 없는 문제가 발생하면 스스로 답을 찾아내기가 어렵다. 행여 매뉴얼보다 더 나은 방법을 찾아낸다고 해도 본사 클레임이라는 벽에 가로막히기 쉽다.

셋째, 지속성과 연속성을 갖기 어렵다. 프랜차이즈의 경우 오픈이 쉬운 만큼 경쟁력이 떨어진다. 장사의 생명은 지속성과 연속성이고, 이를 가능케 하는 게 바로 차별성과 고유성이다. 하지만 프랜차이즈는 DIY가 아닌 공산품이다. 대만 카스텔라, 닭강정, 벌집 아이스크림처럼 뭐 하나 아이템이 터지면 우후죽순 미투 브랜드가 생긴다. 그야말로 제 살을 깎아 먹으며 버텨야 하는 개미지옥인 셈이다.

넷째, 프랜차이즈는 사업주의 이익에 관심이 없다. 창업 상담을 받다 보면 그들은 항상 메인 상권에 들어가야 더 큰 수익을 올릴 수 있다고 이야기한다. 비싼 월세는 자신들이 아닌 사업주의 몫이기 때문이다. 만약 상권이 성공의 핵심 요소라면 강남, 성수, 홍대, 명동 등에 위치한 매장이 고전할 이유가 없다. 대박까지는 아니더라도 최소 현상 유지는 할 수 있어야 한다. 하지만 그곳에서는 오늘도 폐업 간판이 걸리고 있다. 상권이 중요하긴 하지만 성공의 절대 요인이 아님을 보여주는 증거다.

당신은 장사를 하면 안 된다

대한민국에서 먹는장사를 하려면 어쩔 수 없이 프랜차이즈를 한 번쯤은 경험하게 된다. 집안 대대로 요식업을 해 오거나, 돈이 차고 넘쳐서 홍보로 밀어붙일 수 있는 능력이 있다면 또 모르겠지만 대부분의 사람은 프랜차이즈로 장사를 시작할 수밖에 없다. 나 역시 그랬다. 하지만 계속 프랜차이즈라는 그늘에 숨어 있기에는 성장의 한계가 너무도 뚜렷하게 보였다.

현재 프랜차이즈를 운영하고 있는 사람이라면 그곳에서 배운 시스템을 바탕으로 자신만의 방향성을 찾아 슬슬 독립할 준비를 해야한다. 그것이 바로 장사꾼이 돈그릇을 키우는 가장 좋은 방법이다.

반대로 아직 프랜차이즈를 경험해 본 적이 없는 사람이라면 창업 설명회 대신 집 밖으로 나가 동네 한 바퀴를 돌아보라. 그리고 동네에 있는 모든 매장을 분석해 보라.

예를 들어 집 앞에 작은 분식집이 하나 있다고 하자. 그곳의 예상 월 매출은 얼마일까, 하루 객수는 몇 명일까, 재료비는 어느 정도 들까, 매출 대비 월세는 적절한가, 그 정도의 규모와 매출이라면 직원과 아르바이트생은 몇 명을 써야 할까, 음식 대비 가격은 적절한가, 내가 이 가게의 사장이라면 고객에게 무엇을 돌려줄 수 있을까 등 체크리스트를 만들어 각 질문에 대한 답을 정리해 보라. 그렇게 분식집 분석이 끝나면 옆에 있는 파스타 전문점, 갈빗집, 베이커리, 약국, 미용실 등에도 똑같은 질문을 적용해 보라.

_____ **개인 식당의 진짜 경쟁자는**
마트와 편의점이다

동네 상권 분석이 끝났으면 이제 창업을 희망하는 곳으로 시선을 옮겨 똑같은 과정을 거쳐야 한다. 몇 주, 아니 몇 달이 걸려도 좋다. 이 정도의 노력도 하지 않고 전 재산을 건다는 건 자기 인생을 가지고 도박하는 것과 같다. 사칙연산도 할 줄 모르면서 미적분을 풀겠다고 나서는 꼴이다. 조급함으로 실패를 맛보느니 시간이 걸리더라도 성공 가능한 완성형 창업자로 우뚝 서야 한다.

아마 노트 한 권이 완성될 때쯤이면 어느 동네, 어느 가게를 가도 자동적으로 매장 분석이 이뤄질 것이다. 친구들과 저녁 식사를 하러 간 일식집에서 메뉴판보다 객수, 매출, 직원 수, 재료비 등이 먼저 눈에 들어오면 어느 정도 장사에 대한 감을 잡았다고 할 수 있다. 그렇다고 해서 장사를 시작해도 된다는 말은 아니다. 이제는 냉정한 자기 객관화가 필요하다.

요즘 마트와 편의점에서 파는 각종 냉동식품과 밀키트를 보면 깜짝 놀랄 때가 많다. 그 퀄리티가 웬만한 음식점과 큰 차이가 나지 않는다. 어설픈 매장보다 더 맛있는 제품도 있다. 이제 개인 식당은 동종 업종뿐 아니라 마트와 편의점과도 경쟁해야 한다. 고객이 기꺼이 지갑을 열 정도의 제품과 서비스를 만들어낼 수 없다면 장사는 시작도 안 하는 게 낫다. 오히려 그게 돈을 버는 길이다.

_____ 마음 편히
내 장사를 하고 싶다고?

이 꼴 저 꼴 다 보기 싫다면서 잘 다니던 회사를 나와 개인 커피전문점을 차린 사람이 있었다. 대학 시절 프랜차이즈 커피전문점에서 6개월 아르바이트를 한 게 전부였지만 왠지 모르게 성공할 자신이 있었다고 한다. 친구가 디저트 가게를 오픈했는데 자신이라고 못할 이유가 뭐냐 싶었다는 것이다. 각 브랜드 커피전문점의 특징과 동네 상권을 열심히 분석한 뒤 창업한 친구에게 디저트를 공급받는 등 나름 차별화 전략도 세웠다. 하지만 창업 6개월 만에 패배를 인정하고 쓸쓸히 폐업의 길로 들어서고 말았다. 자신의 진짜 경쟁 상대가 스타벅스와 메가커피가 아니라 매장 건너편에 위치한 맥도널드의 카페라떼였다는 사실을 뒤늦게 깨달았다는 것이다.

흔히 "마음 편히 내 장사를 하고 싶다"라고 말하는데 애초에 공식 자체가 틀렸다. '마음 편하게'는 직장 생활을 할 때나 쓸 수 있는 말이다. 직장인은 '마음 편하게' 내 업무만 하고, '마음 편하게' 주말에도 쉴 수 있지만 장사는 다르다.

태어나 처음 듣는 낯간지러운 '사장님' 소리에 익숙해지는 것도 잠시, 어느새 사장님 부르는 소리만 들어도 노이로제에 걸릴 지경이다. 전날 주문한 재료가 잘못 들어왔을 때, 손님이 클레임을 제기했을 때, 전기가 나갔을 때, 시청이나 관공서에서 사람이 찾아왔을 때, 수도관이나 변기가 막혔을 때, 하다못해 손님이 그릇을 깼을 때도 사장님을 찾는다. 조물주도 아닌데 모든 시작과 끝에 자신이 있어야 하니 환장할 노릇이다. 장사는 안돼 죽겠는데 속도 모르고 해맑게 명절 선물을 받아 가는 아르바이트생이 오히려 부럽다는 창업자도 있었다.

1,000개의 가게 중 5등 안에 들 자신이 있는가

　　공부한다고 모든 학생이 명문대에 진학할 수 있는 게 아니듯, 창업한다고 모든 사람이 성공하는 건 아니다. 상위권 성적에 들 자신이 없으면 일찌감치 대학을 포기하고 다른 진로를 찾아야 하듯 1,000곳의 가게 중 5등 안에 들 자신이 없으면 장사를 시작하지 않는 게 맞다.

　　그럼에도 '창업앓이'에서 벗어나지 못해 장사를 꼭 해야겠다면 다음 5가지 질문에 대한 답을 고민해 보라.

　　첫째, 왜 회사를 그만두고 창업을 해야 하는가?

　　둘째, 왜 지금 해야 하는가?

　　셋째, 왜 이 자리여야 하는가?

　　넷째, 왜 이 아이템이어야 하는가?

　　다섯째, 1,000곳의 가게 중 5등 안에 들 자신이 있는가?

　　이 질문에 단 하나라도 구체적인 대답을 할 수 없다면 당신은 장사를 하면 안 된다.

고객 창출

자본금의 50퍼센트로 창업하라

농사를 지어 본 적은 없지만 개인적으로 '농부의 마음'이라는 단어를 좋아한다. 장사꾼에게 필요한 게 바로 농부의 기다림이기 때문이다. 장사꾼은 손님을 선택할 수 없다. 그저 고객의 선택을 받는 순간을 위해 부단히 노력을 기울일 뿐이다.

농부도 마찬가지다. 농부는 하나의 작물을 수확하기 위해 대략 300일이라는 시간을 투자한다. 씨앗을 뿌리고, 물을 주고, 벌레를 잡으며 인고의 시간을 버틴다. 그리고 단 5~10일의 수확으로 일 년 치 노동의 대가를 거둬들인다. 농부에게 기다림은 절대적 시간이다.

그런데 태풍이나 장마, 홍수, 가뭄으로 농사를 망칠까 봐 걱정스러워 씨앗을 뿌리지 않는다면 그 농부는 영원히 농사를 짓지 못할 수도 있다. 날이 좋아서, 날이 좋지 않아서, 날이 적당해서 씨앗 뿌리는 일을 내일로 미뤄도 마찬가지다.

장사꾼의 씨앗은 '투자'다. 시설에 대한 투자가 아니라 고객에 대한 투자다. 온라인 홍보나 마케팅에 대한 투자는 즉각적인 피드백이 돌아오지만, 고객에 대한 투자는 그 반응이 지칠 정도로 더디다. 그래서 우리를 불안에 떨게 하고 쉽게 포기하도록 만든다. 하지만 나는 지금까지 이보다 더 수익률이 좋은 투자처를 보지 못했다.

"당신 말을 듣고 고객에게 5,000만 원을 투자해 음식의 질을 높이고 서비스를 개선했는데 고객이 다시 찾아와 주지 않으면 어떡하느냐"라고 묻는 건 농부가 씨앗을 뿌렸는데 씨앗이 자라지 않으면 어떻게 해야 하느냐고 반문하는 것과 같다. 종자별로 발아 시간과 발아율이 다를 뿐 모든 씨앗은 자란다. 개중에는 썩은 씨앗도 있겠지만 아마 10퍼센트 미만일 것이다. 뿌린 씨앗은 어떻게든 거두게 돼 있다. 문제는 얼마나 효과적으로 뿌리느냐 하는 것이다.

_____ **질 수밖에 없는 게임에 굳이 뛰어들지 마라**

창업 상담을 하러 오는 사람들에게 늘 하는 말이 있다. "자본금의 50퍼센트로 창업하고 나머지 50퍼센트는 여유 자금으로 남겨 둬라." 만약 자본금이 1억 원이면 5,000만 원으로 창업하고, 자본금이 2억 원이면 1억 원으로 스타트를 끊어야 한다. 그리고 나머지 50퍼센트는 고객에게 돌려줄 여유 자금으로 묶어 둬야 한다.

사람들이 대출까지 받아 가며 오버스펙으로 창업하는 이유는 더 빨리, 더 많은 돈을 벌고 싶어서다. 장사를 시작할 때 누구나 한번쯤은 이런 말을 들었을 것이다. "장사는 무조권 상권이다. 월세 수십만 원, 권리금 수천만 원을 더 내더라도 좋은 데로 들어가라. 손님 몇 팀 더 받으면 그 돈은 바로 나온다." "5,000만 원 대출 받아 봤자 한 달 이자가 얼마나 된다고. 목만 좋으면 그 배로 벌어. 걱정하지 마." "자기 돈으로 사업하는 사람이 어디 있나! 다 빚내서 시작하지. 장사만 잘되면 그깟 5,000만 원 갚는 건 일도 아니다."

"농부는 굶어 죽어도 씨앗을 베고 죽는다"라는 말이 있는데, 어찌 된 일인지 옆집 씨앗까지 빌려다 파는 모양새다.

예를 들어 자본금 1억 원에 대출 5,000만 원을 받아 1억 5,000만 원으로 가게를 시작한 사람이 있다고 하자. 그런데 운이 좋아(?) 오픈발까지 터졌다. 오픈 첫 달, 그의 통장에 500만 원이 꽂힌다. '이야, 대출금 5,000만 원? 일 년 안에 갚겠는데?' 금방 부자가 될 것 같은 생각에 신이 난 창업자는 평소 눈여겨봐 뒀던 명품 시계를 검색하며 잠이 든다. 두 번째 달, 700만 원이 통장에 꽂힌다. '이야, 나는 정말 장사에 소질이 있나 봐? 진작 장사나 할 걸 그랬어.' 본격적으로 허파에 바람이 들기 시작하는 단계다. 고가의 외제 차를 검색하는 그의 왼쪽 손목에는 어느새 명품 시계가 반짝이고 있다. 그런데 이게 웬일인가. 계단식으로 계속 상승할 것 같던 매출이 6개월 후 뚝 떨어진다. 500만 원을 벌려다가 1억 5,000만 원을 날릴 상황이 된 것이다. 원금 회수에 대한 압박은 어느새 불안감이라는 이자를 붙여 돌아와 그의 발목을 잡는다. 구명조끼도 없이 침몰하는 배에 오른 그는 이제 시설비를 걱정해야 하는 단계에 이르렀다.

1억 5,000만 원은 그에게 전 재산과 다름없다. 그렇다면 지금 당장 통장에 꽂히는 500만 원, 700만 원의 단기 수익은 그리 중요한 게 아니다. 지금이 아닌 '다음'과 그 '너머'를 봐야 한다. 돈에 쫓기지 않고 버티기 위해서는 무엇보다 여유 자금을 만들어 놓는 게 중요하다. 내가 버틸 체력이 안 되는데 전력질주를 하면 어떻게 되겠는가. 쓰러지는 것 외에는 답이 없다. 질 수밖에 없는 게임에 뛰어들지 말라는 말이다.

──────── 내가 고객이라면 이 가게를 다시 오고 싶을까

장사하면 안 되는 사람들이 장사를 시작하고 장사가 안된다고 발을 동동 구른다. 실제로 요즘 가장 많이 듣는 질문이 "어떻게 하면 돈을 벌 수 있느냐" "어떻게 하면 장사를 잘할 수 있느냐"다. 그리고 요즘 들어 내가 가장 많이 하는 대답은 "장사하지 말라"는 것이다. 물론 모든 사람에게 이런 말을 하는 건 아니다. 누가 봐도 준비가 안 됐는데 젊은 패기나 자본력만 믿고 무작정 뛰어드는 사람들을 만류할 뿐이다.

사실 장사 비법이라는 건 별다를 게 없다. 우리가 물건을 팔고자 하는 대상이 누구인가? 당연히 고객이다. 다른 사람들이 '고객에게 무엇을 팔까'라고 고민할 때 나는 '고객에게 무엇을 줄 수 있을까'를 숙고한다. '내가 얼마를 투자해 얼마를 벌 수 있을까'를 고민하는 것이 아니라 '내가 고객이라면 이 가게를 다시 오고 싶을까'를 생각한다. 사장의 입장이 아니라 고객의 입장에서 '또 오고 싶은 가게'로 만드는 게 장사의 핵심이기 때문이다.

그런데 '장사 비법'을 묻는 사람들과 대화를 나눠 보면 신기하게도 '돈' 이야기만 한다. 분명 장사 노하우를 배우고 싶다고 찾아왔는데 "땅 파서 장사하는 거 아니잖아요. 결국 돈 벌려고 장사하는 것 아니겠습니까?" "내가 투자한 게 얼만데, 그 이상은 벌어야죠" "어떻게 하면 돈을 잘 벌 수 있을까요?"라는 질문만 한다. 이들에게 브랜드파워, 매출보다 볼륨, 고객 창출, 선순환 사이클, 디테일의 힘, 직원 존중 등을 말하면 "무슨 말인지는 잘 알겠다. 근데 어떻게 해야 돈을 벌 수 있느냐"라고 되묻는다. 돈을 담을 그릇 자체가 준비되지 않은 사람들이다.

이는 빵 만드는 기계를 사러 와서 기계 대신 빵 100개를 구입해 돌아가겠다는 것과 같다. 빵 만드는 기계가 있어야 빵을 100개, 1,000개 생산할 수 있는데 그 과정이 너무 어려우니 눈앞에 놓인 빵을 가져다 팔겠다고 말하는 것이다. 과정이 힘들다고 중간에 포기해 버리면 평생 남이 만들어 놓은 빵을 떼다가 팔 수밖에 없다. 장사하는 사람들 가운데 99퍼센트가 '돈 버는 방법'만 궁리하는데, 그들과 똑같은 생각, 똑같은 무기를 들고서 어떻게 승리하기를 바라는가.

사람을 먼저 모으고
돈은 그다음에 번다

요즘 분식은 단순히 분식이라고 하기에는 그 볼륨이 너무 커졌다. 혼자서 떡볶이, 순대, 튀김을 먹으려면 최소 2만 원은 쥐고 있어야 한다. 떡볶이 가격이 치킨 가격을 넘어서는 시대가 오리라고 그 누가 생각이나 했겠는가.

단돈 몇천 원으로 떡볶이와 튀김, 어묵, 순대 등을 즐길 수 있었던 나만의 작은 뷔페, 즉 옛날 감성의 학교 앞 분식집들이 사라지는 게 안타까웠다. 아무 때고 불쑥 들어가 따뜻하게 빈속을 채우고 나오던 편안한 분위기의 분식집이 그리웠다.

'퇴근길 1만 원으로 이것저것 취향껏 고를 수 있는 소소한 분식,

늦은 밤 시원한 맥주 한잔이 생각날 때 부담 없이 술안주로 선택할 수 있는 분식, 한 달에 한두 번 먹는 특별한 야식이 아니라 일주일에 한두 번 먹을 수 있는 일반적인 야식을 만들자.'

늦은 새벽 일을 마치고 돌아가는 자영업자들의 허기도 달래 주고 싶은 마음에 분식집 이름을 '심야매점'으로 정했다. 당시 개인 매장 떡볶이 가격은 2,500~3,000원, 순대는 4,000원 선이었다. 심야매점은 처음부터 저가 정책을 고수했기에 떡볶이 1,500원, 순대 2,000원으로 가격을 책정했다. 가격이 워낙 저렴하다 보니 떡볶이는 온종일 팔아도 매출이 20만 원 안팎이었고, 순대는 더 심각했다. 순대를 삶고, 자르고, 포장하는 과정과 인건비를 포함하면 마진율이 제로였다.

도대체 이런 장사를 왜 하느냐 하는 의문이 생길 것이다. 처음 분식 가격을 책정할 때 주변에서도 비슷한 이야기를 많이 들었다.

_____ **볼륨을 키워야**
커팅도 가능하다

심야매점에서 떡볶이와 순대는 미끼 상품에 가깝다. 떡볶이 가격이 이렇게 저렴하면 떡볶이만 먹고 가는 사람은 거의 없다. 어묵이나 튀김, 염통 구이 몇 개 먹으면 어느새 국밥 가격이 나온다. 개당 아이템 수익을 보는 게 아니라 총액을 봤을 때 남으면 되는 것이다. 2,000만 원 팔아서 500만 원 남는 장사할 바에는 5,000만 원 팔아서 500만 원 남는 장사를 하겠다는 것이다.

2,000만 원 매출을 낼 때 필요한 인력이 2명이라면 5,000만 원 매출을 내기 위해서는 최소 4~5명의 직원이 필요하다. 사람 관리도 쉽지 않을뿐더러 인건비도 동반 상승하기 때문에 이래저래 예민해질 수밖에 없는 구조다. 단순하고 간결한 구조로 가게를 운영하는 것이 더 안전한 거 아니냐고 반문하는 사람이 많다.

문제는 연속성과 지속성이다. 한마디로 성장의 문제다. 2,000만 원 팔아서 500만 원 남는 장사는 오래 지속될 수가 없다. 객수가 그만큼 적기 때문에 매출이 조금만 빠져도 휘청거린다. 하지만 5,000만 원 팔아서 500만 원 남는 장사는 다르다. 그만큼 객수가 많기 때문에 7,000~8,000만 원으로 매출 성장이 비교적 쉽게 이어진다. 매장에 넘쳐나는 손님을 보고 다른 손님이 들어오는 군중 심리와 입소문 덕분이다.

_____ 이익 창출이 아닌
고객 창출을 해야 하는 이유

운동에 대한 관심이 높으니 헬스를 예로 들어 보겠다. 보디빌더들이 대회를 준비할 때 처음부터 근력만 기르지 않는다. 근육을 늘리기 위해 근육량과 체지방을 모두 증가시키는 축적의 단계를 반드시 거친다. 일단 최대로 벌크업을 한 후 때가 되면 불필요한 지방을 제거하며 몸을 커팅해 나간다. 사업도 똑같다. 볼륨을 키워야 커팅이 가능하다.

고객을 창출하기 위해 음식을 다른 곳보다 저렴하게 팔면 그 가격을 더 이상 유지할 수 없는 순간이 온다. 기본적으로 인건비 자체가 높기 때문에 구조와 체제의 변환이 불가피한 커팅 타이밍이 반드시 요구된다.

예를 들어 1인분에 2,000원 하던 품목의 가격을 500원 올린다고 하자. 하루 방문객 100명인 매장에서는 객 단가 500원을 올려 봤자 매출은 5만 원 상승한다. 하지만 하루 방문객이 500명이라면 25만 원, 1,000명이라면 50만 원이 된다. 한 달 최소 750~1,500만 원의 매출이 증가하는 것이다. 매출 창출이 아닌 고객 창출을 해야 하는 이유가 바로 여기에 있다.

참고로 가격 올리는 것을 겁먹지 마라. 고객이 봐도 너무 싼 가격이면 어지간한 가격 상승으로는 발길을 돌리지 않는다. "장사 잘된다고 이 집 변했네!"라는 사람보다 "그래, 여기 너무 쌌다. 이래 팔아가우에 남겠노!"라고 말하는 사람이 더 많다. 이런 사람들이 진정한 내 고객이다. 가격에 대한 불만으로 발길을 돌리는 고객은 단골도 아닐뿐더러 차후에 또 다른 불평과 불만을 가질 확률이 높다. 그렇게 불

필요한 지방이 빠지면, 다시 말해서 커팅 단계를 거치면 우리 가게에 대한 입소문을 내줄 진짜 팬만 모시고 갈 수 있다. 이는 어느 업종이든 상관없이 통용되는 법칙이다.

결론적으로 매출이 아니라 객수를 늘려 볼륨을 키우는 게 먼저다. 돈은 그다음에 버는 것이다. 선(先) 사람 후(後) 이윤, 즉 '사람을 모으고 돈은 그다음에 번다'라는 철칙만 기억하면 쉽게 무너지지 않는다. 대부분 이와 반대로 생각하기 때문에 어려움을 겪는 것이다. 흔히 사업의 성공 요인을 '비용의 최소화&수익의 극대화'라고 한다. 하지만 내 원칙은 다르다. 장사는 '객수의 최대화&고객 창출의 극대화'가 성공 제1 원칙이다.

모든 가게는
단 한 명의 고객에서 시작된다

장사가 잘되기 위해선 어떻게 해야 하는가? 무조건 사람이
많이 와 줘야 한다. 나는 지금까지 매장에 가득 찬 손님만큼 훌륭한
인테리어를 본 적이 없다. 매장 밖으로 늘어선 웨이팅 줄만큼 효과적
인 마케팅 툴을 본 적이 없다. 사람들은 텅 빈 매장에 들어가기보다
손님들로 북적거리는 매장에 들어서는 것을 더 쉽게 여긴다. 그게 바
로 군중 심리다.

단순한 비즈니스 논리로 따지면 마이너스가 뻔히 보이는 장사는
빨리 접는 게 현명하다. 하지만 그 마이너스가 더 큰 도약을 위한 발
판이자 더 큰 열매를 맺게 해줄 씨앗이라면 이야기는 달라진다. 심야

매점을 운영할 때의 일이다.

음식은 크게 두 가지로 나뉜다. '음식이 손님을 기다렸을 때 맛있게 먹을 수 있는 음식'이 있고 반대로 '손님이 음식을 기다려야 맛있게 먹을 수 있는 음식'이 있다. 예를 들어 떡볶이 같은 경우, 즉석 떡볶이보다 양념이 잘 밴 판 떡볶이가 더 맛있다. 완성된 음식이 손님을 기다리고 있는 것이다. 곰탕이나 갈비탕도 이와 비슷하다. 반면 고기는 그 자리에서 바로 구워 먹는 게 가장 맛있기 때문에 손님이 음식을 기다려야 한다. 그런데 분식은 빨리 먹고 빨리 가야 하는 패스트푸드에 가깝다. 한마디로 손님이 음식을 기다릴 마음의 여유가 없다.

심야매점을 운영할 당시 그 자리에서 바로 먹을 수 있는 떡볶이, 순대, 튀김은 별문제가 없었는데, 회심의 아이템인 염통 꼬치 직화 구이가 문제였다.

_____ **폐기비용,**
또 다른 이름의 기회비용

오픈 초기, 직원들은 염통을 미리 구워 놓으면 맛이 없다는 이유로 좌대를 텅텅 비워 뒀다. 그런데 갑자기 염통 구이를 찾는 손님이 등장한다. 우리는 '손님이 안 오니까 염통을 못 구워 놓았다'라는 입장이고, 손님은 '나는 염통을 구울 때까지 기다릴 시간이 없으니 안 먹고 그냥 가겠다'라는 입장이다.

그렇다면 방법은 단 하나다. 손님이 있든 없든 염통이 팔리든 말든 계속 굽는 것이다. 다 구워 놓았는데 1, 2분 안에 찾는 손님이 없다면 구운 염통을 버리면 된다. 일정 시간이 지나 퍼진 어묵도 가야 할 곳은 동일하다. 음식물 쓰레기통이다.

일반적으로 붕어빵이나 호떡 등 갓 구워 파는 음식은 먼저 구워 놓은 것, 식어서 맛이 떨어진 상품부터 손님에게 판매한다. 일명 먼저 들어온 것을 먼저 판매하는 선입선출법(先入先出法)에 따른 것이다. 그렇다고 더 싸게 파는 것도 아니다. 똑같은 돈을 내는데 단지 타이밍을 못 맞췄다는 이유로 손님은 맛이 덜한 음식을 먹어야만 한다. 이런 경우 이 가게를 다시 찾을 고객이 과연 몇이나 될까?

모든 음식이 그렇지만 특히 분식은 군중 심리가 크게 작용한다. 가게 앞에 처음 한 사람을 불러들이기가 어렵지 한 사람이 모이면 곧바로 두 사람이 모이고 얼마 지나지 않아 6, 7명이 줄을 선다. 손님이 손님을 부르는 구조다.

예를 들어 한 사람이 맛있게 염통 구이를 먹고 있으면 지나가다 이를 본 사람이 자연스럽게 매대 앞으로 다가온다. 어느 순간 매장 앞에는 꼬치를 든 사람이 4명에서 6명으로 늘어난다. 이쯤 되면 어묵이 퍼지거나 염통 구이가 남아 쓰레기통에 버릴 일이 없다. 한 사이

클이든 두 사이클이든 고객이 모일 때까지 맛없는 음식을 버리고 버
티면, 그다음부터는 굽는 족족 손님들이 먹어 치우기 바쁘다.

흔히 폐기비용은 회수할 수 없는 매몰비용이라고 생각하는데, 결코
그렇지 않다. 선순환 사이클을 만드는 폐기비용은 또 다른 이름의 기
회비용일 뿐이다.

_____ 남지 않는 장사는 없다

온종일 음식물 쓰레기통으로 버려지는 염통 구이를 보면
서 직원들이 물었다.

"꼭 이렇게까지 해야 합니까?"

"어, 꼭 그렇게까지 해야 한다. 버릴 것을 생각하고 구워라. 오늘
장사 안되면 6만 원 손해 보면 된다. 돈 걱정하지 말고 계속 굽고 계
속 버려라."

하루 매출이 20만 원 나오는 매장에서 6만 원을 포기한다는 건 쉽
지 않은 일이다. 그럼에도 고객에게 투자할 수 있었던 이유는 투자금
의 50퍼센트를 여유 자금으로 남겨 뒀기 때문이다.

모든 가게는 단 한 명의 고객에서 시작된다. 그래서 '창업 초기 손
님'이 매우 중요하다. 만약 오늘 여섯 팀의 손님을 받았다고 하자. 그
런데 그중 세 팀은 염통 구이를 막 굽고 있을 때 도착해 최상의 염통

을 맛보고 돌아갔다. 반면 나머지 세 팀은 운이 없게도 한 시간 전에 구워 놓은 염통을 맛보았다. 만족한 손님이 50퍼센트, 불만족한 손님이 50퍼센트다. 한 사람 한 사람이 너무나 중요한 창업 초기, 재료비 몇 푼 아끼려다가 50퍼센트의 손님을 잃고 마는 것이다.

창업 초기에는 허수보다 진수가 중요하다. 하루 한 팀이 오더라도 그 사람들이 우리 가게에 좋은 이미지를 가지고 돌아가 자발적으로 입소문을 낼 수 있는 환경을 만들어 줘야 한다. 단언컨대 세상에 남지 않는 장사는 없다. 단지 이윤을 적게 남기느냐, 많이 남기느냐의 차이가 있을 뿐이다.

얻고자 하는 게 있으면
반드시 잃어야 하는 것도 있다

대구 달성군 가창면에 한우 식육식당이 한 곳 있었다. 이미 큰 적자를 보고 있던 터라 원주인은 권리금은커녕 보증금마저 잃을 처지였다. 정확한 상황을 파악하기 위해 가게를 찾아가 보니 안되는 이유를 알 것 같았다. 가장 큰 문제는 위치였다. 사람들이 일부러 차를 타고 찾아와야만 하는 외진 곳에 자리하고 있었던 것이다.

가볍게 주변을 둘러본 후 매장으로 들어섰다. 손님 없는 가게 특유의 다운된 에너지가 느껴졌다. 테이블의 벨을 눌러도 즉각적인 반응이 없고, 손님이 많지 않음에도 주문이 원활하게 이루어지지 않았다. 한마디로 생명력이 느껴지지 않는 죽어 있는 가게였다. 오랜 기간 적자를 보고 있었으니 어찌 보면 당연한 일이다.

그런데 장사의 승패는 이런 디테일에서 결정된다. 이 디테일은 식당의 청결, 포장, 메뉴, 서비스, 직원의 태도 등 여러 곳에서 나타난다. 무심코 지나친 창틀의 먼지, 무심코 받은 불친절한 전화 한 통, 무심코 지나친 손님의 요구 등 '무심코 한 그 행동'이 가게 이미지의 총합을 만들어낸다.

매장을 살펴보고 집으로 돌아오는 길, 이대로 넘어질 가게는 아니라는 느낌이 들었다. 위치적 한계는 어쩔 수 없지만 시스템만 잘 잡으면 꺼져 가는 불씨를 살릴 수도 있을 것 같았다. 원주인과 협상 끝에 보증금만 지불하고 무권리로 가게를 인수했다. 시설과 인테리어, 아이템, 일하는 직원들까지 있는 그대로 인수해 주인만 바꾼 것이다. 그리고 월 매출 5,000만 원이 2억 원이 되는 데 걸린 시간은 단 6개월이었다. 잘난 척을 하려는 게 아니라 마인드 하나만 바꾸면 누구나 판을 뒤집을 수 있다는 이야기를 하고 싶은 것이다.

이 가게의 문제는 식육식당의 장점이 모두 사라졌다는 데 있었다. 사람들이 식육식당을 찾는 이유가 무엇인가? 일반 고깃집에서 맛볼 수 없는 다양한 부위를 골라 먹기 위해서다. 하지만 당시 식당은 등심과 갈빗살 단 두 가지 품목만 갖춰 놓고 있었다. 물론 처음부터 그렇지는 않았으리라 생각한다. 오픈발로 신나게 몰려오던 손님의 발길이 뜸해지면서 구색을 갖춰 진열한 고기가 이 식당의 발목을 잡는 리스크가 됐을 것이다. 버려야 할 식재료가 늘어나면서 어쩔 수 없이 사람들이 가장 많이 찾는 인기 품목으로만 구색을 갖추게 됐을 것이다. 예정된 수순이다.

하지만 식육식당은 단일 품목으로 장사를 해서는 안 되는 곳이다. 단일 품목으로 승부를 걸어야 하는 아이템이 있고, 다량 품목으로 승부를 봐야 하는 아이템이 있다. 자신이 판매하는 아이템의 기본적 특성조차 파악하지 못한다면 그 가게는 망할 수밖에 없다.

결정적 승부를 가리는
정성과 디테일

식육식당의 장점을 최대한 살리는 방향으로 시스템을 잡고 안심, 채끝, 새우살, 살치살, 제비추리를 비롯해 특수 부위 등 소 한 마리에서 나올 수 있는 모든 부위로 구색을 갖춰 준비했다. 주인이 바뀌기 전부터 그곳에서 칼을 잡아 온 정육부장님은 "이렇게 하면 아까운 고기 다 버린다. 다시 생각해 보는 게 좋겠다"라며 원래대로 인기 품목 위주로 가기를 원했다.

내가 얻고자 하는 게 있으면 반드시 잃어야 하는 것도 있다. 이것이 세상의 이치다. 나는 고객을 얻고 싶었기에 상품 가치가 떨어진 고기를 날마다 버려야 했다. 매달 수백만 원어치의 고기가 손님의 입이 아닌 음식물 쓰레기통으로 그렇게 사라졌다.

"부장님, 손실을 봐도 제가 봅니다. 부장님은 아무 걱정하지 마시고 무조건 손님들이 맛있고 부드러운 고기를 먹고 갈 수 있도록 최선을 다해주세요."

예전 사장님은 1등급 한우 1인분을 11,900원에 판매했다. 그런데 막상 장사를 시작하려고 보니 한우 1등급 가격이 너무 오른 상태였다. 원래대로라면 1킬로그램당 1만 원 이상 차이가 나는데, 1등급과 원뿔의 가격 차이가 3,000~4,000원 안팎이었다. 순수익을 생각하면 불행한 일이지만 고객 창출을 생각하면 행운이었다. '더 좋은 고기를 더 싸게 파는 전략'으로 손님을 불러 모을 수 있겠다는 판단이 들었다.

"박리다매로 한우 붐을 일으켜 보자!" 기존에 팔던 한우 1등급을 원뿔 등급으로 올리고 가격은 반대로 3,000원을 내렸다. '한우 원뿔 등심 1인분 8,900원'이라는 가격을 본 직원들은 "삼겹살보다 저렴한 소고기가 말이 되느냐"라며 만류하고 나섰다. 1인당 원가가 7,500원 정도 나오는 음식을 8,900원에 판매하겠다고 나서니 웬 미친놈인가 싶었을 것이다.

8,900원은 그야말로 가게 콘셉트이자 미끼 상품일 뿐이다. 우리에게는 안심, 채끝, 안창살, 토시살, 새우살, 살치살, 제비추리, 특수 부위 등의 무기가 있었다. 이런 사이드 품목으로 본품의 마이너스를 보

충하면 된다. 가게를 방문한 손님이 오늘은 8,900원짜리만 먹고 돌아 가더라도 '다른 곳에서 3만 원 하는 안창살이 여기는 1만 5,000원이 네. 언제 한번 와서 먹어야지'라는 생각만 해도 절반은 성공한 셈이 다. 저렴한 가격에 더 좋은 고기를 먹을 수 있는데 오지 않을 이유가 무엇인가. 이쯤 되면 시내에서 차로 15분 걸리는 거리는 아무런 문제 가 되지 않는다.

앞서 이야기했듯 승부를 가르는 것은 정성과 디테일이다. 저렴한 가격, 질 좋은 고기, 경쟁하는 가게보다 낮은 상차림 비, 다양한 선택 이 가능한 품목, 넓은 주차장 등 작은 디테일이 마일리지처럼 쌓여 고객을 불러들인다.

_____ ## 100퍼센트 정답은
존재하지 않는다

메뉴 세팅을 끝낸 후 가게 앞에 대형 현수막을 걸어 사람 들에게 식당의 존재를 알렸다. 그리고 7월 1일 첫 영업을 시작했다. 마침 식당 근처에 제법 큰 규모의 유원지가 있어 그곳으로 휴가를 즐 기러 오는 사람이 많았다.

계절 특수 덕분에 별다른 노력 없이 오픈 첫 달 바로 1억 2,000만 원까지 매출이 올랐다. 하지만 이 매출은 우리의 노력이나 실력으로 만들어진 게 아니다. 반짝 이벤트에 기댄 매출은 허수에 불과하다. 역시나 휴가 시즌이 끝남과 동시에 손님도 썰물처럼 빠져나갔다.

날마다 버려지는 엄청난 양의 고기를 보며 안타까움을 금치 못한 직원들은 기존대로 인기 품목만 가지고 장사하는 게 어떠냐고 조언했다. 하지만 그럴 생각이었다면 애초에 이 식당을 시작하지도 않았다. 어지간한 단골이 아니고서는 사람들은 가게 주인이 바뀐 사실도, 메뉴 구성이 달라진 것도 알지 못한다. 일단 씨앗을 뿌렸으니 씨앗이 성장할 시간, 즉 사람들이 우리 가게를 인식할 시간이 필요했다. 폐기되는 식재료를 아까워하지 말라고 직원들을 독려하며 가게를 좀 더 파격적으로 알릴 수 있는 방법을 고민하기 시작했다.

비즈니스에서 100퍼센트 정답은 존재하지 않는다. 늘 내 선택이 옳다고 주장할 수도 없다. 우리는 그저 불확실성이라는 모래 위에 집을 짓고 레시피와 서비스, 직원 교육, 고객 만족, 고객 창출과 수익 창출을 통해 그 이음새를 견고하게 만들려고 노력할 뿐이다. 그중 하나가 바로 홍보다.

원가를 절감하겠다는 것은
고객을 포기하겠다는 것과 같다

식육식당을 운영할 때 가장 큰 난관은 시내에서 차로 15분 걸리는 거리였다. 물리적 거리는 차로 15분이지만 사람들의 심리적 거리는 30분이 넘었다. 수성구에 사는 사람들을 어떻게든 가창으로 불러들여야 했는데 아무리 생각해도 온라인 광고로는 원하는 효과를 보기 어려울 것 같았다. 사람들이 굳이 한적한 곳에 있는 가창 맛집을 검색할 이유가 없었기 때문이다. 그래서 생각해 낸 방법이 바로 로드마케팅, 즉 차량 홍보다.

중고 트럭을 한 대 사서 나이트클럽 홍보 차량처럼 외관을 꾸몄다. 탑차 뒷부분에는 사람들의 이목을 끌 수 있는 현란한 라이트를 설치하고 메뉴와 가격, 위치, 가게 전화번호 등이 적힌 현수막을 붙였다. 단, 주소는 일부러 넣지 않았다. "아니, 한우가 1인분에 8,900원이라고? 저 가격이 말이 돼? 도대체 어디 있는 거야?"라고 사람들의 궁금증을 불러일으켜 직접 상호와 주소를 검색하도록 만들고 싶었다. 단순히 눈으로 보는 정보는 말 그대로 스쳐 지나가지만 검색이라도 한번 하면 기억에 더 오래 남기 때문이다. 그렇게 화려한 홍보 트럭은 사람들의 눈길을 사로잡으며 가창과 수성구를 시도 때도 없이 누비고 다녔다.

오픈발과 휴가 시즌이라는 계절 특수가 끝난 뒤 답보 상태였던 매출이 차량 홍보 효과로 즉각 상승해 1억 3,000만 원까지 올랐다. "거리가 좀 있긴 한데, 진짜 한우를 절반 가격에 먹을 수 있는 곳이 있대" "엄마 생신을 거기서 했는데 평소 식사값의 절반밖에 안 나오더라"라는 입소문이 나기 시작하면서 먼 곳에서도 사람들이 찾아오기 시작했다. 그런데 매출이 1억 원일 때나 1억 3,000만 원일 때나 수익은 1,000만 원대로 비슷했다. 늘어난 손님으로 직원들이 고생은 고생대로 하는데 판매 단가가 워낙 낮다 보니 좀처럼 이익률이 높아지지 않았다.

1억 5,000만 원까지 매출이 오르자 일할 사람이 더 필요했다. 새로운 직원을 투입하자 이익률은 더 낮아졌다. 대망의 어린이날, 오픈하고 나서 처음으로 1억 8,000만 원의 매출을 찍었다. 매달

1,000~1,200만 원에 머물던 수익이 2,500만 원을 넘겼다. 이렇게 탄력이 붙었을 때 객수를 최대한 늘려 볼륨을 더 키워야 한다. 차량 홍보에 박차를 가하며 매출에 걸림돌이 되는 문제들을 하나둘 해결하기 시작했다.

——— 손실을 감당할 의지가 있는가

첫 번째 걸림돌은 대리비였다. 앞서 이야기했듯 가창에서 수성구까지는 차로 15분 거리다. 그런데 단지 지역구가 바뀐다는 이유로 대리비는 2.5배 이상 차이가 난다. 술자리가 필수인 단체 모임이 많은 가게에서 이것은 치명적 단점이다. 그래서 우리가 직접 수성구까지 대리를 뛰기로 했다. 술을 마신 손님 3명이 대리를 부르면 직원 3명이 각 차량의 운전대를 잡았다. 대리비가 저렴한 수성구까지 손님을 데려다주기 위해서다. 직원들이 모는 차량 3대가 수성구로 출발하면 나는 다른 차량으로 그 뒤를 따라갔다. 그리고 목적지에 도착한 직원 3명을 차에 태워 다시 가게로 돌아왔다.

두 번째 걸림돌은 원가 절감에 초점이 맞춰져 있는 직원들의 마인드였다. 그들의 시선을 원가 절감이 아닌 고객 창출로 돌려야 했다. 예를 들어 고객에게 부드럽고 맛있는 고기를 제공하려면 과감하게 근막을 제거하고 기름이 있는 부분을 쳐내 질 좋은 고기만 남겨야 한다. 이 과정에서 고기의 20~30퍼센트가 버려진다.

식당에서 한평생 잔뼈가 굵은 경력자들, 평생을 원가 절감 소리만 들어온 사람들에게는 적지 않은 충격이다. 실제로 많은 경력자가 이런 요구를 하면 자신의 지갑에서 돈이 사라지는 것처럼 안타까워했다. 경험 없는 젊은 사장의 오기라고 생각하는 사람도 많았다. 하지만 내게 원가를 절감하겠다는 것은 결국 고객을 포기하겠다는 것과 같다. '원가 절감'에 초점이 맞춰진 직원들의 마인드를 '고객 창출'로 돌리려면 리더가 오롯이 그 손실을 감당하겠다는 의지를 끊임없이 보여줘야 한다. 그래야만 고객 만족이라는 한 방향으로 직원들을 이끌 수 있다.

매장을 오픈한 후 손님이 불판을 갈아 달라고 하면 티 나지 않게 인상을 쓰는 직원이 많았다. 안 그래도 바빠 죽겠는데 더 사용해도 되는 불판을 자꾸 바꿔 달라고 하니 짜증이 나는 것이다.

"이모님, 우리 이모님 힘들게 손님들이 자꾸 불판을 갈아 달라고 한다. 손님들이 고기를 참 못 굽는다, 그죠?"

"맞다. 사람들, 고기 진짜 못 굽는다. 고기 한 조각 던져 놓고 불판을 갈아 달라 하고, 버섯 몇 개 굽고 불판을 갈아 달라고 한다."

"그죠. 그냥 귀 먹어도 되는데… 근데 이모님, 나는 불판 땜에 이모님 감정이 상하는 것보다 차라리 150원 손해 보는 게 나아요. 내가

150원 손해 볼게요. 스트레스 받지 말고 그냥 갈아 줘요."

당시 불판 한 개당 150원의 세척비가 들었다. 이모님들은 150원이 아깝다고 했지만 그건 표면적인 핑계에 불과하다. 비용 절감 부분이 50퍼센트라면 본인들 귀찮은 게 50퍼센트다.

"이모님, 일 많으면 내가 도와드릴게. 아니면 일하는 사람 하나 더 구할까요? 사람 한 명 더 쓸게요."

"아니, 아깝잖아."

"그깟 150원 때문에 손님한테 인심 잃고 이모님 스트레스 받는 거 보다 돈 쓰는 게 나아요. 내가 언제 돈 아낀다고 이모님들 커피 안 사 준 적 있어요? 그니까 그냥 손님이 원하면 갈아 줍시다."

———— 생명력이 넘치는 가게는 죽을 수가 없다

기존에는 된장찌개 200인분을 한번에 끓여 냉장고에 보관해 놓고 하루, 이틀씩 손님상에 올렸다. 대량으로 끓이면 직원들은 편하겠지만 손님들은 그만큼 신선도가 떨어진 음식을 맛보게 된다. 하루 70인분만 끓이고 남은 찌개는 당일 폐기를 원했는데 주방 이모님들의 저항이 만만치 않았다.

고객에게 좋은 방향이 아닌 자신이 편한 방향으로 일해 온 사람들의 생각을 단번에 바꾸는 건 불가능하다. 이럴 때는 끊임없이 우리가 나아가야 할 방향을 일러주는 수밖에 없다. 다만 그 메시지를 어떻게 전달하느냐가 문제다.

"이모님! 된장찌개에 뭘 어떻게 하신 거예요?"

"왜? 손님들이 뭐라고 해요?"

"네, 나가는 손님마다 된장찌개가 너무 맛있다고 포장해서 팔면 안 되냐고 물어요. 이러다가 된장찌개만 별도로 포장해 팔아야 하는 거 아닌지 모르겠어요."

그다음부턴 된장찌개를 끓이기 위해 가스 불을 켜는 이모님의 손길이 달라진다. 예전에는 손님이 찌개를 남기든 말든 신경도 안 쓰던 사람들이 잔반의 양을 체크하고 뭐가 문제인지 고민하기 시작한다.

불판 때문에 잔뜩 인상을 찡그리던 직원에게 "야, 이모님, 오늘 인기 폭발이다. 손님들이 나가면서 직원 칭찬함을 찾기에 왜 그러느냐고 물었더니 키 작은 이모가 너무 친절하다고 칭찬을 한바가지 하고 갔어요"라는 말을 슬쩍 흘리면 불판을 갈러 가는 발에 날개가 달린다. "우와, 오늘 갈빗살 인기 폭발이다. 부장님, 갈빗살이 입안에서 살살 녹는다고 손님들이 난리예요"라고 한마디 해주면 정육부장님의 칼질 방향이 달라진다. 처음 식당을 살펴보러 왔을 때 테이블의 벨을 눌러도 반응 없던 그 사람들이 아니다.

물론 이런 마술 같은 변화는 단번에 일어나지 않는다. 하지만 한 사람 한 사람에게 변화의 바이러스를 전파하면 가랑비에 옷 젖듯 매장 전체가 살아 움직이는 생명력을 가지게 된다. 생명력이 넘치는 가게는 절대 죽을 수가 없다.

_____ **고객이 만들어 주는**
가치의 힘

6개월 후, 드디어 매출 2억 원을 찍고 4,000만 원의 수익이
발생했다. 그런데 시스템에 문제가 생겼다. 당장 연기를 빨아들이는
덕트부터 제 기능을 발휘하지 못했다. 그 많은 손님을 감당하기에는
시설이 너무 노후된 상태였던 것이다. 결국 시스템을 손보며 간략하
게 매장 재정비를 시작했다.

장사는 개인의 그릇도 중요하지만 가게의 그릇도 중요하다. 손님을
감당하려면 그에 맞는 주방과 홀의 시스템을 구비해야 한다. 한번에
감당할 수 있는 손님이 50명인데 갑자기 100명이 밀어닥치면 반드시
문제가 생기고 손님은 불만족스러운 상태로 돌아갈 수밖에 없다. 최
대로 받을 수 있는 손님의 수를 파악해 객수를 조절하거나, 더 많은
객수를 감당하기 위해 가게 시스템을 개선하는 과정이 필요하다.

규모만 작을 뿐 음식점도 하나의 기업이다. 기업은 자사의 가치를
높이기 위해 목숨을 건다. 그 가치가 기업의 시장성을 객관적으로 보
여주는 지표이기 때문이다. 자영업도 마찬가지다. 특히 창업 초기에
는 단기 수익보다 가게의 가치를 높이는 데 집중해야 하는데, 그 가
치는 내가 아니라 고객이 만들어 주는 것이다.

고객이 우리 매장을
찾아야 할 이유는 무엇인가

작년 이맘때 트위터를 뜨겁게 달군 글이 하나 있다. 20대 여성이 키오스크 앞에서 좌절한 어머니의 경험담을 공유한 것이다. 그녀의 어머니는 허기를 달래기 위해 햄버거 매장을 찾았는데 낯선 키오스크 앞에서 20분을 헤매다가 그냥 돌아오셨다고 한다. 빈손으로 집에 돌아오신 어머니가 "딸, 이제 엄마는 끝났나 보다"라고 하면서 눈물을 보이셨다는 것이다. 어른에게 별도의 안내를 해주지 않은 매장의 대처를 안타까워하는 이들과 젊은 사람도 당황하게 만드는 복잡한 키오스크의 구조적 문제를 지적하는 사람들의 이야기로 꽤 설왕설래했던 기억이 난다.

코로나19의 확산으로 마스크 대란이 일어났을 당시 온라인에 익숙한 젊은 사람들은 관련 앱과 포털사이트를 통해 실시간으로 약국의 잔여 마스크 수량을 확인했다. 덕분에 비교적 손쉽게 마스크를 구매할 수 있었다. 하지만 정보와 기기에 취약한 어르신들은 마스크 2장을 구매하기 위해 약국 앞에서 2~3시간씩 줄을 서야 했다. 정보를 가진 자와 그렇지 못한 자, IT에 익숙한 세대와 그렇지 못한 세대 사이에 디지털 불평등이 심화되고 있는 것이다.

섭씨 36.5도의
사람 냄새 나는 서비스

바둑에서 판을 제대로 읽지 못하면 다음 수가 얽힌다. 사업도 마찬가지다. 현상을 제대로 바라보지 못하면 다음 스텝이 엉킬 수밖에 없다.

키오스크의 장점은 누가 뭐래도 경비 절감이다. 키오스크는 매해 오르는 인건비 부담을 줄여 줄 뿐 아니라 더 이상 골치 아픈 직원 관리를 하지 않아도 되게 만들었다. 까다로운 고객과 굳이 대면하지 않을 수 있는 것도 장점이라는 사람이 많다. 하지만 본질적인 문제는 '눈에 보이지 않는 것'에 있다. 소비자의 마음이 바로 그것이다.

만약 키오스크로 주문을 받고 로봇이 서빙하는 방법을 선택했다면 직원들은 주방에 박혀 있을 게 아니라 홀로 나와서 손님과 눈을 맞추며 온기를 나눠야 한다. 갑자기 쏟아진 비를 맞고 들어온 손님에게 마른 수건과 따뜻한 물 한잔을 건네는 것은 기계가 아닌 사람만이 할 수 있는 일이다. 아이와 가게 문을 열고 들어오는 손님을 보고 유아용 의자를 먼저 챙겨 주고 음식을 잘게 자를 수 있는 가위를 내주는 것도 사람만이 할 수 있다. 이는 상대를 배려하고 존중하는 마음에서 우러나오는 행위이기 때문이다.

_____ '접속'보다 강한
'접촉'의 힘

다른 곳에서 키오스크를 한 대씩 늘려 갈 때 나는 손님에게 말 한마디 더 건네고, 눈 한번 더 마주치기 위해 일부러 직원 2, 3명을 추가로 고용한다. 호출 벨과 셀프 반찬대가 없기 때문이다. 하루 1,000명 이상 방문하는 매장에 호출 벨이 없는 이유는 '딩동'거리는 벨 소리가 고객의 식사나 대화를 방해하는 게 싫어서다. 셀프 반찬대도 마찬가지다. '우리는 늘 당신에게 신경을 쓰고 있다'라는 메시지를 주기 위해 일부러 반찬대를 놓지 않았다. 반찬대가 없는 대신 김치와 밑반찬이 놓인 쟁반을 든 직원들이 민감하고 예민하게 고객의 요구에 대응한다. 고객이 손을 들어 반찬 추가를 요청하기 전에 먼저 다가가 "김치를 좀 더 드릴까요?"라고 묻는다.

칼국수 하나를 주문하더라도 "양을 더 달라" "맵게 해달라" "채소를 빼달라"는 등 다양한 요구가 이어지는데 키오스크를 이용하면 고객은 묻지도 따지지도 말고 주면 주는 대로 먹어야 한다. 글쎄 잘 모르겠다. 나는 사람이 촌스러워서 그런지 몰라도 온기가 느껴지지 않는 가게는 별로 이용하고 싶지가 않다. 내가 이용하고 싶지 않은 가게를 고객이 찾아와 줄 리 만무하다.

맛집이라고 소문난 곳을 찾아가 몇 시간씩 줄을 서서 음식을 맛본 사람들은 말한다. '그래 봤자 스테이크고' '그래 봤자 도넛이고' '그래 봤자 칼국수다' 이 말은 곧 누구나 다 아는 맛, 이미 먹어 본 적 있는 익숙한 맛이라는 이야기다. 서비스, 위생, 인테리어 콘셉트, 메뉴, 음식의 퀄리티가 상향 평준화된 상황에서 무엇으로 차별성을 두고 경쟁력을 이어갈 것인가? 결국은 사람이다.

조조칼국수가 코로나19 여파에도 지속적으로 성장할 수 있었던 이유도 여기에 있다. 우리가 대한민국에서 유일무이한 칼국수를 파는 것도, 그렇다고 세상에 없는 서비스를 제공하는 것도 아니다. 가성비가 좋고 어느 지점을 가도 실망 없는 집이라는 인식이 우리를 지탱해주고 성장시키는 힘이다. 이런 소비자의 인식을 만들고 유지하는 힘은 결국 직원들에게서 비롯된다.

무인은 말 그대로
'사람이 없다'라는 의미다

물론 언택트라는 대세를 거스를 수 없음을 안다. 소형 매장은 더욱 그럴 것이다. 비용 절감에 초점을 맞출 것인지 기계의 도움을 받는 만큼 더 많은 서비스를 고객에게 돌려줄 것인지는 각자가 선택할 문제다. 다만 무인(無人)은 말 그대로 '사람이 없다'라는 뜻이다. 매장의 숨결 같은 직원이 사라지고 가게의 생명 같은 고객이 빠져나가니 사람이 없을 수밖에 없다. 사람이 없는 가게가 과연 잘될 수 있을까?

키오스크가 나쁘다는 게 아니다. 다만 효율성, 편리성, 비용 절감을 이유로 기계 뒤에 숨지 말라는 말이다. 당당하게 기계 앞으로 나와 고객에게 당신의 환한 미소와 정성을 보여줘라. 어쩌면 당신의 그 따뜻한 온기가 가게를 살리는 가장 큰 경쟁력이 될 수도 있다.

소비 심리

그래서 나는
찹쌀떡을 팔기로 결심했다

믿기 어렵겠지만 돈에 대한 개념이 생긴 것은 20대 후반이다. 그전에는 하루라도 돈을 쓰지 않으면 입속에 가시가 돋치는 사람처럼 날마다 탈탈 털어 쓰기 바빴다. 거의 돈 탈곡기 수준이었다. 이런 성격 때문에 어린 시절부터 부모님은 엄격하게 용돈을 금하셨다. 초등학교 시절 어머니는 내 손을 잡고 직접 분식집에 데려갈지언정 떡볶이 값 1,000원은 주시지 않았다. 중고등학교 시절에도 마찬가지다. 10만 원짜리 운동화는 사 줘도 1만 원의 용돈은 허락하지 않으셨다.

그런데 초등학교 3학년, 태어나 처음 나를 '돈벌이의 세계'로 이끈

운명의 그 녀석이 나타났다. 바로 학교 앞 문방구에서 팔던 6,000원 짜리 테트리스 게임기다. 이 게임기는 당시 초등학생이라면 누구나 갖고 싶어 하는 잇템이자 핫템 중 하나였다. 나 또한 수많은 대기 구매자 중 한 사람이었지만 부모님은 집에 다른 게임기가 많다는 이유로 사 주지 않으셨다.

'어떻게 하면 게임기를 내 손에 넣을 수 있을까?' 고민하던 중 어느 집 대문 앞에 놓여 있는 공병이 눈에 들어왔다. 그 순간 공병이 단순한 빈 병이 아닌 돈으로 보였다. '오호, 이거 봐라. 저걸 팔면 게임기를 살 수도 있겠는데!'라는 생각에 냉큼 공병을 주워 들고 동네 슈퍼마켓으로 향했다. 소주병은 20원, 맥주병은 30원이란다. 소주병과 맥주병을 하루 10병씩만 팔아도 500원, 각 20병씩 팔면 1,000원이다. 단순 계산으로 6일만 동네를 헤집고 다니면 게임기를 살 수도 있겠다는 생각이 들었다.

_____ **목적을 잃은 돈은 갈 곳이 없다**

방과 후 땀을 뻘뻘 흘리며 온 동네 쓰레기통을 뒤지고 다닌 지 열흘쯤 지났을까. 드디어 게임기를 살 수 있는 돈이 모였다. 그런데 무슨 이유에서인지 그 목표를 이루고 싶지가 않았다. '오케이, 좀 더 업그레이드해서 1만 5,000원짜리 다른 게임기를 사자!' 목표를 상향 조정한 후 또다시 온 동네를 돌며 공병 수집에 나섰다. 그렇게 며칠이 지났을까. 어느덧 내 주머니에는 원하는 게임기를 2대나 살 수 있는 3만 원이라는 거금이 모였다. 이 정도 집념이면 뭘 해도 성공하겠다 싶겠지만 문제는 그 열기가 너무 빨리 식는다는 데 있다. 어느덧 게임기에 대한 흥미 자체가 사라진 것이다.

목표를 잃은 돈은 갈 곳이 없다. 아니 목적 없는 돈이 갈 곳은 딱 하나, 소비처다. 나는 마치 개선장군이라도 된 듯 의기양양한 모습으로 동네 친구들을 모두 불러 모았다. "돈 걱정은 하지 마라. 오늘 우리는 오락하다 죽는 기다!" 그렇게 친구들의 환호성과 함께 3만 원이라는 거금은 오락실 오락기의 뱃속으로 사라지고 말았다.

_____ **초등학교 6학년,**
프리랜서로 진로를 결정하다

초등학교 6학년, 두 번째 돈벌이를 결심했다. 또 다른 게임기가 눈에 들어온 것이다. 부모님께 말씀드려 봤지만 역시나 집에 있는 다른 게임기들 때문에 안 된다고 하셨다. 당시 내가 노린 게임기의 가격은 18만 원, 공병을 주워 팔기에는 너무 큰 금액이다. 그래서 신문 배달이라는 전통적 방법으로 돈을 벌기로 결심하고 동네 보급소를 찾아갔다. 배달 목표는 하루 40부, 매일 자전거를 두 시간씩 타며 신문을 배달했다. 그리고 정확히 한 달 후 8만 원이라는 거금을 손에 쥐었다. '이제 10만 원만 모으면 된다!' 하지만 나는 이미 모으는 기쁨보다 쓰는 기쁨에 중독이 된 상태였다. '돈은 나중에 모으면 돼'라는 생각에 또다시 친구들을 불러 모았다. 오락실, 분식집, 문방구 사장님들에게 VIP 대접을 받으며 하루를 신나게 즐긴 결과 알바비가 눈 녹듯 사라졌다.

그런데 이 과정을 통해 매일 출퇴근하는 직장인은 나와 맞지 않는 다는 사실을 깨달았다. 신문 배달은 매월 8만 원이라는 안정된 수익을 보장해줬지만 매일 같은 시간 출근해 같은 일을 반복하는 게 쉽지 않았다. 차라리 시간과 장소를 자유롭게 선택하고 일한 만큼 돈을 받는 프리랜서 생활, 즉 공병 줍기의 만족도가 더 높았다.

그래서 또 다른 프리랜서 영역인 세일즈의 세계로 뛰어들었다. 찹쌀떡을 팔기로 결심한 것이다.

당시만 해도 박스나 에코백을 어깨에 메고 떡을 파는 행상이 많았다. 그 모습을 보고 찹쌀떡을 팔아 보기로 결심했는데 마침 부모님이 운영하는 갈빗집에 할머니 한 분이 떡을 팔러 오셨다. 가게 문을 나서는 할머니를 쫓아가서 "어떻게 하면 떡을 팔 수 있느냐"라고 물었다. 잠시 황당한 표정으로 나를 바라보던 할머니는 진짜 떡을 팔 생각이 있는지 되물으시고는 나와 친구를 대구 시내 한 단독주택에 위치한 물건 납품처로 데려다주셨다.

누가 봐도 초등학생에 불과한 어린아이들이 떡을 팔아 보겠다고 제 발로 찾아왔으니 사무실 아저씨도 당황했던 모양이다.

"니 몇 살이고?"

"열세 살인데예."

"와 떡을 팔라고 하나? 부모님이 집에 없나?"

"부모님 다 계시는데예."

"근데 와?"

"사고 싶은 것도 좀 있고, 용돈 벌라고요."

"아이고 참나… 별일을 다 본다. 그래 함 해 봐라."

찹쌀떡 4개가 들어 있는 한 팩의 도매가는 1,500원, 판매가는 3,000원이었다. 그리고 롤케이크의 도매가는 4,000원, 판매가는 8,000원이었다. 대략 50퍼센트 마진을 남기고 팔면 되는 듯했다. 아저씨는 물건값을 일시불로 지불하는 매절 방식이니 팔 수 있는 만큼만 가져가라고 했다. 그리고 '반품 불가'라고 못을 박았다.

상대의 지갑이 아니라
마음 여는 법을 깨달은 순간

찹쌀떡과 롤케이크가 든 꽤 묵직한 에코백을 어깨에 메고 친구와 함께 사무실을 나왔다. 녀석은 도저히 창피해서 떡을 팔 수 없을 것 같다며 울상을 지었다. 사람들이 판매, 즉 세일즈를 어려워하는 이유는 두려움 때문이다. 나라는 사람을 거부할 것 같은 두려움과 내가 파는 물건을 거절할 것 같은 공포심이 발목을 잡는다. 그런데 사람들이 거절하는 것은 물건을 팔러 온 '상황'이지 그 사람 자체가 아니다. 나와 상황을 분리해 생각해야 한다. 이런 사실을 명확하게 인지해야 비로소 두려움을 극복하고 문제를 해결할 수 있다.

불안에 떠는 친구를 다독이며 에코백을 다시 어깨에 멨다.

"지금 우리는 뭉치면 죽고 흩어져야 산다. 니는 이 길로 가 봐라. 나는 저 길로 가 보께. ○시에 여기서 다시 만나자."

휴대전화기도 없던 시절이라 다시 만날 시간을 미리 정한 후 우리는 각기 다른 방향으로 찢어졌다.

제품이든 판매자든 둘 중 하나는 매력이 있어야 한다

나는 소풍이라도 나온 듯 호기롭게 시내로 향했다. 내가 얼마나 빨리 물건을 팔 수 있을지, 떡을 다 팔았을 때 얼마를 손에 쥘 수 있을지 생각하니 발걸음이 더욱 빨라졌다. 무턱대고 눈에 보이는 가게의 문을 열고 들어가 마치 맡겨 놓은 돈을 수금하러 온 사람처럼 떡을 사 달라고 이야기했다. 그런데 이게 웬일인가. 식당, 약국, 정육점 등 업종을 가리지 않고 눈에 보이는 족족 가게 문을 열고 들어갔는데, 들어가는 족족 쫓겨나기 일쑤였다. 한 시간 정도 그렇게 헤매고 나니 정신이 번쩍 들었다.

"도대체 뭐가 문제지?"

오뉴월 햇살이 내리쬐는 거리 한구석에 앉아 가만히 찹쌀떡을 들여다봤다. '물건을 팔면 돈이 생긴다'라는 단순한 계산으로 아무 생각 없이 돌아다니던 내가 처음으로 현상을 바라보기 시작한 것이다.

'사람들이 왜 이 떡을 사지 않을까?' 그러고 보니 집 앞 슈퍼마켓에서 비슷한 찹쌀떡을 1,500원에 팔고 있었다. 호두가 박힌 것도 아니고, 요즘처럼 딸기가 들어간 것도 아닌데 사람들이 2배나 높은 가격을 지불하면서까지 이 떡을 먹어야 할 이유가 없었다. 솔직히 나부터도 사지 않을 제품이었다.

그렇다면 '사람들이 관심을 보일 만한 내용은 무엇일까?' 제품이 좋은 것도 아니고 그렇다고 극강의 가성비가 돋보이는 것도 아니다. 파는 제품, 즉 '떡'을 중심으로는 딱히 풀어 나갈 이야기도 없었다. 그렇다면 결국 상품이 아닌 나 자신의 이야기로 상대의 호기심을 자극해야 한다. 제품과 판매자 둘 중 하나라도 매력이 있어야 사람들이 관심을 보일 것 아니겠는가.

그렇다면 '사람들에게 어떻게 말을 해야 할까?' 본격적으로 찹쌀떡 판매에 나서기 전, 사무실 아저씨는 우리에게 동정심 유발이라는 전통적 판매 방식을 전수해줬다. 어린아이라는 막강 캐릭터의 힘을 활용하는 데 동정심을 자극하는 것만큼 좋은 게 없으리라 판단한 듯싶었다. 실제로 사무실 아저씨는 친구와 내 앞에서 최대한으로 불쌍한 표정을 지어 보이면서 "찹쌀떡 하나만 사 주시면 안 돼요?"라는 멘트까지 시연해 보였다.

소비자 관점이 1도 들어 있지 않은 전형적인 판매자 관점에서 나온 전략이었다. 물론 동정심을 자극하는 판매 방식이 대중적, 보편적으로 검증된 방법이긴 하다. 그런데 많은 사람이 이미 답습했다는 것은 그만큼 차별성과 희소성이 없다는 이야기도 된다. 하루에도 몇 번씩 찾아오는 방판과 행상에게 측은함과 연민을 갖기에는 소비자들의 피로도가 이미 높은 상황이었다. 그렇다면 결론은 하나다. 메시지 전달 방식을 변경해야 한다.

마지막으로 '사람들이 내게 떡을 사는 이유는 무엇일까?' 이는 곧 '내가 상대해야 할 사람은 누구인가?'라는 질문과 같다. 그전까지는 물건을 설명하는 데 급급해 상대를 살펴볼 겨를이 없었다. 딱히 내게 관심도 없는 사람의 안방 문을 열고 들어가 일방적인 구애를 펼쳤으니 떡이 팔릴 리 만무했다.

당시 내가 물건을 팔아야 할 상대는 동네 사람들을 대상으로 장사하는 소박한 가게의 주인들이었다. 그리고 그들은 대부분 내 또래의 자녀를 둔 학부모이기도 하다. 사무실 아저씨의 조언대로 동정심을 자극하는 건 맞지만 그 방향은 달라야 했다. 값싼 동정이 아닌 내 자식 같은 아이를 돕고 싶다는 이해와 연민을 바탕으로 한 '동조'가 필요했던 것이다.

물론 당시에는 이렇게까지 논리적으로 접근하지 못했다. 다만 '사람들이 왜 이 떡을 사지 않을까?'라는 고민이 '사람들이 내게 이 떡을 사야 하는 이유가 무엇일까?'로 이어졌던 기억은 분명히 난다. 그리고 이 질문은 장사를 시작한 후 '고객이 우리 가게를 다시 찾아와야 하는 이유가 무엇일까?'로 연결됐다. 아마 이 질문은 장사를 그만두는 마지막 순간까지 이어질 것이다.

_____ "그래서 그게 얼만데?"

아무튼 상황을 정리한 후 눈앞에 보이는 식당 문을 열고 들어가 "목이 말라 그러는데, 물 한잔 마실 수 있느냐"라고 물었다. "떡 하나만 사 달라"로 대화의 포문을 열면 "나가 달라"는 말로 소통이 단절되지만, 물 한잔은 다르다. 특히 무더운 여름, 땀을 뻘뻘 흘리며 물을 청하는 아이를 냉정하게 내칠 어른은 없다.

주인아저씨가 건네주는 시원한 물 한잔을 숨도 쉬지 않고 벌컥벌컥 들이켠 후 연신 고개를 숙여 감사의 인사를 건넸다.

"한 시간을 걸어왔더니 목이 너무 말랐는데 감사합니다."

"이 더위에 뭐 한다고 한 시간이나 걸었나? 그러다 더위 먹는다. 엄마는 어데 갔노?"

"엄마는 일하러 가셨고, 저는 돈 벌러 나왔어요."

"돈? 쬐깐한 게 무슨 돈?"

"네. 사실 찹쌀떡을 팔고 있는데 어쩐 일인지 오늘은 하나도 못 팔았네요."

"이 더운 날에 떡을 판다고?"

"네. 안 그래도 날씨 때문에 떡이 쉴까 봐 걱정이에요. 어떻게든 오늘 다 팔아 봐야죠."

"아이고야, 그게 얼만데?"

어른을 속인 건 잘못했지만 열세 살짜리 머리에서 나올 수 있는 최선의 방법이었다. 그리고 그 순간 엄청난 깨달음을 얻었다.

"아! 내가 한 시간 동안 다른 가게에서 쫓겨난 이유가 이거였구나! 내 입에서 '사 주세요'가 아니라 아줌마, 아저씨 입에서 '얼만데?'라는 말이 나오게 만들어야 하는구나! 물건이든 물건을 파는 사람이든 그 무엇이라도 궁금하게 만들어야 하는구나!"

처음 본 아이를 돕고 싶다는 생각으로 자신에게 필요도 없는 물건을 선뜻 구매해준 아저씨의 마음이 너무도 고마웠다. 결국 내가 연 것은 상대의 지갑이 아니라 그의 마음이었던 것이다.

오전 장사가 힘든 이유는
따로 있다

첫 판매에 성공한 후 다소 얼떨떨하지만 흥분된 상태로 식당을 나왔다. 내 생각이 맞았다는 설렘과 이렇게 떡을 팔면 곧 부자가 될 수도 있겠다는 기쁨이 발끝에서 느껴질 정도였다. 주머니에 들어 있는 현금을 확인하며 나름 몇 가지 판매 원칙을 정했다. 첫째, 상대가 나에 대해 궁금증을 갖도록 만들 것. 둘째, 떡이 아닌 이야기를 팔 것. 셋째, 동정심이 아닌 동조를 구할 것. 넷째, 상대가 물건에 관심을 보일 때까지 에코백을 오픈하지 말 것.

이와 같은 4가지 판매 원칙에 따라 연속으로 성공적인 세일즈를 마치고 나서 마지막 원칙 하나를 추가했다. 다섯째, 상대가 부담을 느끼는 순간 거래는 끝난다는 것이다.

앞서 이야기한 대로 찹쌀떡의 판매가는 3,000원이다. 충동구매를
하더라도 그리 부담되는 가격은 아니다. 문제는 롤케이크였다. 나름
분위기가 좋게 풀리고 있다는 판단에 롤케이크를 꺼내 들면 상대의
소비 의지가 눈에 띄게 떨어지는 게 보였다. 한 끼 식사값을 훌쩍 넘
기는 8,000원에 부담을 느낀 사람들이 심리적 저항선에 부딪힌 것이
다. 이에 매장 규모에 따른 판매 전략을 구상했다.

———— **가격이 낮은 상품일수록**
　　　합리적 소비에 힘을 싣는 사람들

혼자 장사하는 사람이나 직원 포함 2~3명 있는 소규모 매
장에서는 찹쌀떡 위주로 판매하고 5명 이상 상주하는, 그러니까 어느
정도 규모가 있는 식당에서는 찹쌀떡+롤케이크를 세트로 파는 식이
다. 다만 규모가 있다고 해서 무턱대고 롤케이크를 먼저 들이밀지는
않았다.

부동산이나 자동차 등 고가의 물건을 구매할 때 사람들은 가성비
가 아닌 상품의 질을 따진다. 하지만 생필품은 다르다. 비슷한 수준의
제품이면 좀 더 저렴한 상품을 선택하려고 한다. 합리적 소비의 파이
가 커지기 때문이다. 롤케이크가 그랬다. 처음부터 8,000원짜리 제품

을 테이블 위에 올려놓으면 사람들은 눈앞의 아이보다 가격이 먼저 눈에 들어온다. 자신도 모르게 가성비와 합리적 소비에 초점이 맞춰지는 것이다. 상대가 물건이 아닌 내게 호기심을 가져야 이야기를 풀어놓을 수 있는데, '비싼 가격'이 그 기회를 자꾸 차단시켰다.

또 하나, 사람들이 슈퍼마켓에서 1,500원에 구입할 수 있는 찹쌀떡을 굳이 3,000원이나 주고 구매하는 이유는 '눈앞에 있는 아이를 돕고 싶다'라는 이타심 때문이다. 그런데 사려던 제품의 가격이 예상을 훌쩍 뛰어넘으면 물건은 사지 않고 차비를 쥐어 보내려고 한다. 저렴한 비용으로 다른 사람을 도왔다는 만족감과 아이를 집으로 돌려보냈다는 안도감을 동시에 느낄 수 있는 좋은 방법이기 때문이다.

차비를 받는 데 채 5분이 걸리지 않지만 떡을 파는 데는 최소 20~30분이 소요된다. 만약 돈을 버는 게 목적이 있었다면 어른들의 호의를 받아들이는 게 더 유익했을 것이다. 하지만 어린 마음에도 돈보다는 어떻게 하면 사람들의 마음을 열 수 있는지가 더 궁금했다.

_____ **"이것만 팔면 집에 갈 수 있어요"**

상대의 마음을 열려면 계단을 오르듯 적절한 단계가 필요하다. 엘리베이터를 탄 듯 단번에 목적지에 도달하는 경우는 거의 없다. 제법 규모가 큰 가게에 들어가 물 한잔을 얻어 마셨다. 물컵을 내려놓으며 자연스럽게 찹쌀떡 이야기를 꺼내자 아저씨가 테이블 의자를 가리키며 앉아 보라고 했다. 물 한잔과 찹쌀떡 한 팩을 테이블 위에 올려놓고 시작된 대화는 학교, 학년, 나이, 사는 동네까지 이어졌다. 이쯤 되면 어느 정도 친밀감이 형성된 것이다. 적절한 타이밍을 살피며 조심스레 테이블 위에 롤케이크를 꺼내 놓았다.

"이건 또 얼마고?"

"8,000원이요."

"뭐가 이리 비싸노?"

"근데 저 이것만 팔면 집에 갈 수 있어요."

상대의 구매 욕구에 마침표를 찍는 결정적 한마디다.

장사하는 사람들은 더 이상 이야기하지 않아도 이 말뜻을 안다. 장사하는 사람이 '시마이를 한다'라는 건 고된 하루를 마감한다는 뜻이다. 이것만 팔면 가족이 있는 집으로 돌아가 피곤한 몸을 누일 수 있다는 의미다. 이쯤 되면 주인아저씨도 눈앞의 아이를 빨리 집으로 돌려보내고 싶어진다.

"그래 합이 얼마고?"

"원래는 찹쌀떡 3,000원, 롤케이크 8,000원 해서 1만 1,000원인데 빨리 집에 가고 싶으니 8,000원에 드릴게요."

잠시 갈등하던 아저씨가 주방 쪽을 바라보며 큰 소리로 묻는다.

"이모, 케이크 하나 묵을래요?"

"그래, 애도 빨리 팔고 집에 가야지. 하나 묵고 나도 잠깐 쉽시다."

"그럼 한 개 도."

장사의 성공과 실패는 결국 누가 더 소비자의 감정을 송곳처럼 파고드느냐가 결정한다. 딱히 필요 없는 물건이라도 기꺼이 지갑을 열게 만드는 것이 바로 세일즈의 힘이다. 이를 위해서는 무엇보다 네온사인처럼 시시각각 변하는 소비자의 감정과 니즈를 제대로 파악할 필요가 있다. 같은 제품이라도 상황과 여건에 따라 전혀 다른 느낌으로 받아들이기 때문이다.

시간과 상황, 장소에 따라 계속 변하는 소비 심리

한 가지 예로 편의점에서 파는 도시락을 살펴보자. 누구는 짜고 맛없고 조미료 덩어리인 편의점 도시락을 왜 사 먹느냐라고 말하지만, 누구는 자신이 원하는 도시락 하나를 찾기 위해 편의점 원정도 마다하지 않는다. 편의점에서 파는 4,000원짜리 도시락이 그 정도로 맛있느냐, 그건 또 아니다. 그럼에도 많은 사람이 편의점 도시락을 찾는 이유는 가성비 때문이다. 딱 그 정도 가격에 어울리는 맛과 구성 그리고 집이나 회사 앞에서 바로 구입할 수 있다는 편리성에 높은 점수를 주는 것이다.

그런데 같은 도시락이라도 저녁이 되면 전혀 다른 평가를 받을 수 있다. 늦은 저녁 4,000원짜리 도시락으로 쓸쓸히 저녁을 해결해야 하는 자신의 처지가 처량하게 느껴질 수도 있는 것이다. 이때 도시락에 대한 만족도는 점심때와 다르게 매우 낮다. '차라리 1만 원을 더 보태 제대로 된 배달 음식을 먹을걸' 하는 후회 비용까지 추가되면 그 만족도는 더 낮아진다. 이처럼 시간과 상황, 장소, 여건에 따라 계속 변하는 게 소비 심리다.

이런 사례는 또 있는데, 1만 원짜리 한정식이 있다고 하자. 분명 같은 식당, 같은 음식임에도 불구하고 아침, 점심, 저녁에 따라 그 만족도가 전혀 다르다. 만약 이른 아침 출근길에 한정식을 먹었다면 '아, 아침으로는 너무 과한데'라고 느낄 확률이 높다. 음식의 퀄리티나 맛과 분위기는 최상이었어도 아침 식사로는 다소 부담스럽게 느껴지는 것이다.

그런데 같은 음식을 점심에 먹으면 오전과 또 다른 느낌을 받는다. 김치찌개 하나도 7,000~8,000원 하는데 한 상 가득 차려 나오는 한정식이 1만 원이라면 어느새 '과하다'라는 생각은 사라지고 '오, 괜찮네, 먹을 만하네'가 된다. 저녁이면 이 만족도는 더욱 높아진다. 좋은 분위기, 함께하는 사람들, 시간에 쫓기지 않는 심리적 여유 등 다양한 요인이 플러스돼 고객은 가격 대비 최상의 만족감을 느끼고 돌아간다. 그래서 오전 장사가 힘든 것이다.

사람들은 일반적으로 오전에는 합리적이고 이성적 사고를, 오후에는 충동적이고 감성적 사고를 하는 경향이 높다. 아침에는 티셔츠 하나를 사더라도 가격 비교, 리뷰 등을 깐깐하게 살펴보지만 오후가 되면 자신도 모르게 경계가 느슨해져 충동적으로 지갑을 연다. 우연히 들른 미용실에서 할인율에 혹해 연간 회원권을 결제하는 식이다. 그래서 저녁 장사는 가성비가 조금 떨어지더라도 맛이나 분위기, 서비스 등 다른 요인으로 커버 가능하다는 장점이 있다.

결국 장사는 고객의 니즈를 건드려 감정으로 지갑을 열게 만드는 게 핵심이다. 고객이 우리 가게에 좋은 감정과 여운을 많이 가질수록 성공 확률은 더 높아진다. 내가 아무 생각 없이 시작한 첫 사업, 즉 옷가게를 무사히 안착시킬 수 있었던 이유도 바로 여기에 있다.

당신의 호감을 사려면
어떻게 해야 합니까

대학 시절의 나는 말 그대로 '한량'이었다. 취미는 음주가
무요, 특기는 유흥인지라 그저 하루하루를 즐겁게 사는 것으로 만족
했다. 그러던 중 태어나 처음으로 하고 싶은 일이 생겼다. 한식조리기
능사 자격증 취득이 바로 그것이다. 매일 빈둥거리기만 하던 아들이
처음으로 생산적인 일에 뛰어들겠다고 하니 부모님은 묻지도 따지지
도 않고 곧바로 학원 등록을 해주셨다.

학원을 슬렁슬렁 다니며 54가지 메뉴를 마스터하고 필기시험에
도 합격했지만 결국 자격증은 취득하지 못했다. 실기 시험 전날 친구
들과 술을 왕창 먹고 시험 당일에 늦잠을 자버렸기 때문이다. 하나

둘 취업 준비를 하는 친구들이 생겨났지만 이 역시 나와는 전혀 상관 없는 남의 일이었다. 그 정도로 꼴통이고 생각 없는 한량이었는데 돈 때문에 부모님의 다툼이 잦아지는 걸 보면서 한 가지 결심을 했다. '돈 때문에 가족과 싸우는 일은 만들고 싶지 않다. 돈 때문에 누군가와 문제가 생기는 것도 싫다. 고로 나는 돈을 많이 벌어야 한다.' 돈을 많이 벌기로 결심한 이유도 결국은 주변 사람 덕분이다.

———— 장사는 손님한테 호감 잘 사고 물건만 잘 팔면 장땡이다

막상 돈을 벌겠다고 결심했지만 평생 10원 한 장 모아 본 적이 없는 놈이다. 그때까지 아무런 고민 없이 있는 그대로, 흘러가는 대로 살아왔는데 결심 하나 했다고 인간이 개조될 리 만무했다. 그런데 갑자기 작은누나가 옷 가게를 열어 보는 게 어떠냐고 물었다.

당시 작은누나는 영남대학교 패션디자인과에 재학 중이었는데, 전공이 전공이니만큼 옷에 대한 관심이 많았다. 마침 뉴욕에서 유학 생활을 마치고 돌아온 터라 패션 센스도 남달랐다. 어려워진 집안 형편에 용돈이라도 벌어 볼 요량으로 학교 앞에서 플리 마켓을 열었는데 생각보다 장사가 잘됐던 모양이다. 말이 플리 마켓이지 길거리에 돗자리 하나 깔고 본인이 입던 옷을 파는 구제 노점상이었는데 말이다.

장사에 재미를 붙인 누나는 있는 옷, 없는 옷을 끌어다가 플리 마켓에서 팔았고 그 결과 300~400만 원의 목돈을 손에 쥘 수 있었다. 대학생에게는 결코 적잖은 금액이었다. 옷 장사에 탄력이 붙던 차에 안타깝게도 원재료가 소진됐다. 집안을 아무리 뒤져도 더는 내다 팔 옷이 없었던 것이다. 결국 누나가 눈길을 돌린 곳은 구제숍이었다. 당시 월남치마 스타일의 롱스커트가 유행했는데 한 벌당 500~600원에 스커트를 사들여 6,000~7,000원에 팔았다. 마진율이 100퍼센트가 넘는 장사를 본 건 그때가 처음이자 마지막이다.

아무튼 옷 장사로 재미를 본 누나가 하나밖에 없는 동생을 구제해 줘야겠다고 결심한 모양이다. 아무런 의지도, 목표도 없이 허송세월 하는 내게 뜬금없이 장사를 권한 것을 보면. 나름 꾸미는 걸 좋아했지만 그건 어디까지나 내 스타일에 대한 관심일 뿐 패션에 대한 관심은 아니었다. 옷의 '옷' 자도 모르는데 어떻게 장사를 하느냐라고 반문하자 누나가 눈을 동그랗게 뜨고 말했다.

"승현아, 여자 옷이든 남자 옷이든 신발이든 스카프든 물건은 뭐든지 상관없다. 장사는 손님한테 호감 잘 사고 물건만 잘 팔면 장땡이다. 예쁜 옷, 좋은 옷 떼 오는 건 둘째 문제다. 니 사람들하고 어울리는 거 좋아하고 손님 비위 잘 맞출 자신 있잖아."

'물건이 아닌 사람에게 초점을 맞춰라!' 개똥철학이지만 나름 장사의 본질을 관통하는 말이기도 했다.

_____ 간판 없는 가게

　　누나의 응원에 힘입어 스물세 살, 영남대학교 앞에서 10평 짜리 남자 옷 가게를 오픈했다. 자본력은 부족했지만 내게는 이를 대신할 젊은 혈기와 튼튼한 몸이 있었다. 인테리어, 조명, 디스플레이 등 모든 것을 혼자 해결했다. 처음 하는 사업이라서 근사한 간판을 달고 싶었지만 자금력에 한계가 왔다. 결국 간판도 달지 못하고 가게 문을 열었다. 나중에 돈을 벌면 간판을 달 요량이었지만 매장 문을 닫을 때까지 끝내 간판을 달지 못했다. 의도치 않게 간판 없는 가게가 매장 콘셉트가 됐기 때문이다.

　　어찌어찌 오픈 준비를 마친 후 아침에는 학교에서 수업을 듣고 오후 2~3시쯤 가게 문을 열었다. 월세 60만 원만 벌면 된다는 가벼운 생각으로 시작했지만 솔직히 5개월 동안 적자를 볼 줄은 몰랐다.

　　당시만 해도 영남대 앞에는 남자 옷을 전문으로 파는 매장이 아예 없었다. 경쟁 상대가 존재하지 않는 그야말로 블루오션이었던 것이다. 아무리 패션에 관심이 없는 남자라도 여름에는 몸을 가리고 겨울에는 추위로부터 체온을 보호해야 할 것 아닌가. 영남대에 다니는 남학생 중 10퍼센트만 찾아와도 손해 보지 않을 것이라는 아주 단순한 생각으로 가게를 오픈했다.

　　그런데 이게 웬일인가. 찾아오는 손님이 하나도 없었다. 여자 옷 가게도 안 되면 상권이 문제라고 생각하겠지만 그 매장들은 손님이 차고 넘쳤다. 남자들이 발가벗고 다니는 것도 아닌데, 왜 여자 옷 가게는 되고 남자 옷 가게는 안 되는 것일까? 왜 여자는 옷을 사고 남자는 옷을 사지 않을까?

결국 누나의 말이 맞았다. 5개월 동안 적자를 본 이유는 단 하나, 주 타깃인 남학생들의 '환심'을 사지 못했기 때문이다. 결국 장사는 이 한마디로 정리된다.

"당신의 호감을 사려면 어떻게 해야 합니까?"

옷이 아닌 소통을 파는 가게

상대의 호감을 사려면 어떻게 해야 하는가? 일단 상대가 뭘 좋아하고 무엇을 원하는지를 알아야 한다. 자신이 원하는 것을 강요하기보다는 상대가 원하는 것을 먼저 제시할 수 있어야 한다.

요즘에야 여중생도 화장과 염색을 하지만, 당시만 해도 두발과 복장 단속은 기본이었다. 한창 외모에 관심이 많은 나이의 여학생들이 "학생은 학생다워야 한다"라는 사회적 시선과 "멋은 대학 가면 원 없이 부릴 수 있다"라는 어른들의 말을 마법의 주문인 양 듣고 자란 것이다. 자기 의지와 상관없이 외모 암흑기를 보낸 여학생들은 대학 입학과 동시에 꾸밈 욕구가 폭발한다. 아기새들이 첫 비행을 위해 솜털을 벗듯 성인이 된 여학생들은 서툰 솜씨로 눈썹을 그리고 이 옷 저 옷을 입어 보며 서서히 자신만의 스타일을 찾아가기 시작한다.

반면 남자는 달랐다. 지금이야 패션이나 미용에 아낌없이 투자하는 남자, 즉 그루밍족(grooming tribe)이 낯설지 않지만 당시만 해도 "사내놈이 무슨 선크림을 바르느냐"라는 소리를 들어야 했다. 패션에 관심이 있는 몇몇을 제외하고 대부분의 남성은 게임, 여자, 술에만 흥미를 보였다. 당시 영남대에는 영천, 구미, 포항, 울산, 부산 등 타 지역에서 유학 온 학생이 많았는데, 남학생들은 계절이 바뀌면 털갈이하듯 본가에서 보내 주는 옷을 그대로 입고 다녔다. 패션 코드, 트렌드 아이템 등은 이들과 무관한 남의 나라 일이었던 것이다.

———— 고객은 자신을 가르치려고 하는 선생에게 물건을 사지 않는다

간혹 고향에서 올라오신 어머니들이 길을 지나가다 매장을 발견하고는 아들을 끌고 가게 안으로 들어오기도 했다. 하지만 베이직한 아이템을 기대하고 온 이들에게 최첨단 유행템은 낯설고 이상하고 요란하게 보일 뿐이었다. 이들은 낯선 것, 새로운 것, 어려운 것에 적응해야 하는 불편함을 허락하지 않았다.

어린 마음에 이 관성을 깨 보고 싶어 참 많은 시도를 했다. '패션테

러리스트에 가까운 남학생들의 인식을 개선시켜 줘야 한다'라는 사명감에 도취돼 고객을 가르치기도 했다. 하지만 어떤 손님도 자신을 가르치려고 하는 선생에게 물건을 사지 않는다. 좋은 제품만큼 중요한 게 판매하는 사람의 자세인데, 상품을 파는 사람 자체에 대한 만족도가 떨어지는 것이다.

남학생을 설득시키는 게 쉽지 않다는 사실을 깨닫고 과 동기, 학과 선배, 조교 등의 생일 선물을 사러 오는 여학생들로 타깃을 변경했다. 관심도가 같은 사람을 만나자 굳이 애쓰지 않아도 대화가 자연스럽게 이어졌다.

제로에 가깝던 매출이 조금씩 올라가던 어느 날, 한눈에 봐도 평생 공부만 했을 것 같은 남학생 한 명이 쭈뼛거리며 가게로 들어왔다. 동기 여학생으로부터 우리 매장에서 구매한 남방 하나를 선물로 받았는데 주변 반응이 너무 좋다는 것이다. 자기 발로 찾아왔음에도 불구하고 그는 마치 초대받지 못한 손님처럼 안절부절못했다. 옷보다 자신감 회복이 먼저라는 생각이 들었다.

"오, 이 색깔이 니한테 잘 받네. 그러지 말고 어깨 쫙 펴고 포즈 한번 취해 봐라. 니는 옷보다 그 구부정한 자세가 문제다. 남자의 자신감은 어깨에서 나온다. … 봐라! 이래 어깨 딱 펴니까 자신감이 넘쳐 보이잖아. 얼마나 멋있나! 어깨만 펴도 옷태가 다르다."

누군가 "친구의 우정은 기꺼이 들어주는 귀, 이해하는 마음, 도와

주는 손으로 구성돼 있다"라고 했다. 이 말은 장사에도 그대로 적용된다. 당시 내가 한 일이라고는 소개팅이나 나이트를 가야 하는데 마땅한 옷이 없어 걱정이라는 고객의 소리를 두 귀로 듣고, 변화된 자신의 모습을 불편해하는 고객의 마음을 이해하고, 뒤늦게 스타일을 찾은 상대방의 모습에 진심으로 기뻐하며 엄지척을 해주는 게 전부였다.

─── '신뢰'라는 이름의 매출

그런데 그렇게 돌아간 사람들이 며칠 후 박씨를 물고 온 제비처럼 또 다른 친구를 물고 왔다. "재미있는 가게다" "믿을 만한 형이다"라는 입소문이 퍼지자 커피와 김밥을 사 들고 가게 문 열기를 기다리는 사람이 생겨나기 시작했다. 어느새 가게는 또래 커뮤니티를 형성하는 아지트이자 연인들의 놀이터, 학생들의 동아리방 등으로 필요에 따라 계속 변신했다. 단순한 옷이 아닌 '소통을 파는 가게'로 변모한 것이다. 당시 내가 한 일이라고는 학생들에게 부담 없이 모일 수 있는 공간을 제공하고 패션, 연애, 학점, 인생에 대한 이야기를 나눌 수 있는 판을 깔아 준 것뿐이다.

만약 돈에 목적이 있었다면 남방 하나 사러 온 사람과 두 시간씩 대화를 나누지 못했을 것이다. 티셔츠 하나 구매하러 온 사람을 붙

잡고 "마침 중국집에서 저녁을 시키려고 하는데 무엇을 먹겠느냐"라고 물어보지도 않았을 것이다. 2~3시간씩 수다를 떨고 빈손으로 돌아가는 손님이 태반이었지만 즐겁고 좋은 시간을 공유한 것만으로도 충분히 만족했다. 그렇게 쌓인 신뢰는 6개월 후 매출이라는 이름의 열매로 돌아왔다. 고객들에게 '신규 의류 입고' 알림 문자를 돌리면 당일 매출이 400~500만 원 나올 정도로 어느새 열렬한 팬들이 생겼다. 매출이 아닌 관계를 먼저 쌓고 물건이 아닌 신뢰를 먼저 판 결과였다.

또래 문화를 기반으로 하는 장사는 특히 소통이 중요하다. 이제 막 성인이 된 또래는 특유의 소속감이 강한데, 공간에 대한 애정도가 높을수록 더 많은 정성을 쏟아붓고 적극적으로 피드백을 전달한다. 특별히 물건을 구매할 일이 없어도 아지트를 찾듯 매장을 찾아 꾸준히 자신의 흔적을 남긴다. 그리고 이 흔적은 다른 사람을 우리 매장으로 불러들이는 또 다른 이정표가 된다.

소문은 빠르다,
나쁜 소문은 더 빠르다

어린 시절 부모님은 돼지갈빗집을 하셨다. 한때 일하는 사람이 15~20명 있을 정도로 장사가 잘되는 가게였다. 10년 정도 한자리에서 장사를 하면 음식이든 손님이든, 하다못해 브랜드 가치라도 쌓여야 한다. 그런데 이상하게도 우리나라는 그 반대인 경우가 많다. 가게를 규모로 밀어붙이거나 반대로 10평 미만에서 장인 정신으로 이끌어가는 곳이 아닌 이상 시간이 지날수록 그 빛을 잃는다.

부모님 가게도 마찬가지였다. 어느 순간부터 손님이 줄고 어제까지 반갑게 인사하던 가게 직원들이 하나둘 안 보이기 시작했다. 동시에 부모님의 얼굴에서도 미소가 사라졌다. 이래저래 고전을 면치 못하던 부모님은 돼지갈비라는 아이템의 인기가 사라졌다고 판단해 업종 변경을 선언했다. 당시 우후죽순으로 생겨나던 무한리필 집에 손님을 빼앗겼다고 생각하신 것이다.

"엄마, 아이다. 주차장이 없어서 그렇다. 갈빗집이든 뭐든 계속 장사할 생각이면 주차장을 만들어야 한다."

"뜬금없이 뭔 소리고? 여태까지 주차장 없이도 장사만 잘했다. 요앞 아파트 사람들 다 걸어서 잘만 오는데 뭔 주차장 타령이고?"

"주차 딱지 끊겨 갖고 사람들이 뭐라고 했다니까!"

"그건 몇몇 사람이 지나가면서 하는 이야기다. 장사하면서 그 정도 이야기 안 나오는 집이 어딨노?"

1990년대 당시만 해도 주차장이 있는 가게보다 없는 가게가 더 많았다. 주차장이 없다고 장사가 안되는 시절도 아니었다. 그런데 어느 순간부터 "몇천 원 하는 갈비 먹으러 왔다가 몇만 원짜리 주차 딱지 끊겼다"라는 이야기가 손님들의 입에서 나오기 시작했다. 이전에 없던 단속 카메라가 생긴 것이다.

_____ **손님의 발길이 줄어드는 이유**

계속 줄어드는 매출을 걱정하는 부모님에게 "그럼 주차장은 포기하고 내부 수리를 하는 건 어떠냐"라고 물었다. 어린 내 눈에도 가게가 너무 낡았다는 생각이 들었기 때문이다. 한자리에서 10년 이상 장사를 하면 모든 게 노후된다. 화로를 사용하는 고깃집은 더 그렇다. 테이블마다 돌아가는 불판의 열기와 고기 굽는 연기로 다른 매장보다 벽이며 가구 등이 빠르게 변색된다.

"인테리어를 바꿔야 한다. 신식으로 멋들어지게 바꾸자는 게 아니고 일단 깨끗은 해야 된다. 우리 집은 너무 낡았다."

"쪼끄만 게 뭘 안다고 그러노? 갈비 먹으러 오는데 깨끗하고 자시고를 따지는 사람이 어딨나? 다 맛 보고 오는 거지."

부모님 말씀도 틀린 건 아니다. 당시만 해도 프랜차이즈보다 소상공인이 많았기 때문에 인테리어라고 해 봤자 다 고만고만했다. 하지만 부모님이 맛에 대한 자부심으로 버티는 사이 환경은 무섭게 변하고 있었다. 마이카시대가 도래했고, 사람들은 점점 싸고 맛있고 깨끗한 집을 찾기 시작했다.

맛, 가격, 위치, 주인 등 모두 그대로인데 손님이 감소한다는 것은 외부 요인이 아닌 '본질'에 문제가 생겼다는 시그널이다. 태풍의 눈 안에 있는 것처럼 고요하지만 언제 그 소용돌이에 휘말려 흔적도 없이 사라질지 모른다.

부모님 말씀처럼 아이템의 문제라면 우리 집뿐 아니라 다른 가게도 매출이 꺾이는 게 정상이다. 그런데 옆 동네 돼지갈빗집은 여전히 손님이 많았다. 원래 안되던 가게가 아니었는데 손님의 발길이 줄어든 이유가 무엇일까? 잘되는 가게에는 있고, 우리 가게에는 없는 건 무엇일까? 반대로 잘되는 가게에는 없고, 우리 가게에는 있는 건 무엇일까?

_____ 사람의 입맛은 단순하다

잘되는 가게들을 보니 기존에 없던 주차장이 있었다. 또한 우리 가게보다 깨끗하고 기계도 모두 신식이었다. 하지만 부모님은 이런 변화를 제대로 인지하지 못하셨다. 그도 그럴 것이 부모님은 10~20리를 걸어 학교를 다닌 세대다. 1리가 0.4킬로미터니 대략 4~8킬로미터, 왕복 8~16킬로미터를 아무렇지 않게 걸어 다니셨던 것이다. 그래서 평소 차가 있어도 어지간한 거리는 걷는 걸 선호하셨다. 본인들이 불편하지 않으니 주차장의 중요성을 모르셨던 것이다. 고객의 관점과 시선으로 현상을 봐야 하는 이유가 여기에 있다.

결국 부모님은 주차와 시설이 아닌 아이템의 문제로 결론을 내리고 당시 유행처럼 번지던 무한리필 집으로 업종 변경을 결정하셨다. 단돈 7,500원에 육류와 해산물을 동시에 맛볼 수 있는 무한리필 직영점이었다.

"아빠, 그거는 절대 안 된다. 석 달 안에 망한다. 차라리 가게 인테리어를 다시 해라."

"니가 뭘 안다고?"

어린 시절부터 자연스럽게 부모님과 장사 이야기를 나누곤 했는데 그날만큼은 아버지도 강경하게 선을 그셨다. 의욕적으로 무언가 시작해 보려는데 다른 사람도 아닌 아들내미가 초를 치니 당연히 화가 나셨을 것이다.

"야야, 이리 싸게 고기랑 해산물을 묵을 수 있는데 안될 이유가 뭐가 있노? 지금 다른 가게들은 다 줄 서고 난리다. 니는 왜 자꾸 망한다 카는데?"

"엄마, 사람의 입맛은 단순하다. 집에서 매일 소고기 먹어 봐라. 먹고 싶나? 그것도 하루 이틀이지. 난 안 먹고 싶다. 사람들이 무한리필 집에 왜 오는데? 싸게 먹을 수 있으니까, 본전 뽑을라고 오는 기다. 결국 가게 나갈 때 뭐라고 하는 줄 아나? '아이고, 배 터져 죽겠다' '소화 안 돼 죽겠다'라고 한다. 배 터지게 먹고 가도 맛있게 먹고 가는 기분은 몬 낸다 아이가. 다시 먹고 싶은 생각이 들지 않는다고. 사람들이 다시 안 오는데 어떻게 장사가 잘되겠나?"

_____ 나쁜 소문의 시작

대기업에서 파는 물건도 입소문이 나야 날개가 돋친 듯 팔리고, 회사에서 일을 잘한다고 평가 받는 사람도 소문이 나야 여기저기서 모셔가려고 든다. 아무도 인정해주지 않는 물건을 만들어 놓고 "아, 사람들이 물건 볼 줄 모르네"라고 자조하는 건 공염불에 불과하다.

소문은 빠르다. 나쁜 소문은 더 빠르다. 그리고 소문은 무섭다. 보다 정확하게 말하면 소문에서 비롯되는 선입견이 더 무섭다. 소문은 '왜곡된 정보의 합'이기 때문이다. 게다가 소문은 판도라의 상자와 같아서 일단 뚜껑이 열리면 그 누구도 통제할 수 없다.

한 가지 예로 손님이 무한리필 집에 와서 '배 터지게 먹고 갔다'라고 하자. 그는 싸고 맛없는 음식으로 배를 채웠을 뿐 만족하고 돌아간 게 아니다. 그런데 며칠 뒤 직장 후배가 자신이 다녀온 그 무한리필 집에 가 보자고 한다.

"사거리 앞에 새로 생긴 무한리필 집 있잖습니까? 거기 한번 가 보실래요?"

"안 그래도 다녀왔는데 딱 7,500원짜리예요. 고기도 먹지 못할 거 갖다 놓고, 음식은 많은데 딱히 찍어 먹을 게 없어요."

나쁜 소문은 이렇게 시작된다. 사람들은 단돈 1,000원이라도 '내가 쓴 돈이 아깝게 느껴질 때' '왠지 모르게 손해 보는 느낌이 들 때' 안티가 돼 다른 사람이 방문할 기회마저 차단시켜 버린다.

장사가 잘되는 가게에는 있고 장사가 안되는 가게에는 없는 것

무조건 싸고 양이 많다고 고객이 만족하는 시대는 끝났다. 8만 원이나 하는 호텔 망고 빙수 하나를 먹기 위해 웨이팅하는 시대가 오리라고 그 누가 생각이나 했겠는가. 가성비로 따지자면 1만 2,900원에 망고 빙수를 먹을 수 있는 빙수 전문점으로 손님이 몰려야 한다. 하지만 그곳에는 웨이팅이 없다. 그만한 가치를 주지 못하는 것이다. 비행기 비즈니스석이 처음 나왔을 때 아마 대부분의 사람은 이런 반응을 보였을 것이다.

"미친 거 아니야? 거기 앉는다고 더 빨리 가는 것도 아니고, 샤워를 할 수 있는 것도 아닌데 왜 2, 3배 더 비싼 돈을 주고 거길 앉아?"

그런데 지금은 어떠한가? 좌석이 없어서 난리다.

사람들은 이제 제대로, 가치 있게, 대우받는 기분을 안겨 주는 것에 지갑을 연다. 그래서 무한리필은 저가가 아닌 고가 정책이 더 어울리는 업종이다. 한 가지 예로 1인당 12~13만 원 하는 랍스터 무한리필을 떠올려보라. 결코 저렴하지 않은 가격임에도 불구하고 여전히 예약 전화와 웨이팅이 이어진다. 사람들은 단순히 랍스터를 먹기 위해 그곳을 찾지 않는다. 매장의 근사한 분위기를 체험하고 사진을 찍어 SNS에 올리는 과정을 즐기고 싶어 찾는 것이다. 남에게 보여주기 위한 과시적 소비욕을 채우기에도 그만이다.

단순히 배만 채우는 저가 무한리필의 한계는 여기서 시작된다. 그 가게를 또다시 찾을 이유가 없는 것이다.

_____ **박수 칠 때 떠나라**

다시 부모님의 이야기로 돌아가자. 결국 부모님은 무한리필 집으로 업종을 변경하기로 결정하셨다. 좌식 중심의 공간을 입식으로 바꾸는 대대적인 공사가 시작됐다. 공사비와 뷔페 받침대 등 기물 교체 비용으로 1억 원이 넘는 돈이 들어갔다. 부푼 기대 속에서 오픈 일은 다가왔고, 부모님의 예상대로 개업일부터 사람이 몰려들기 시작했다. 처음 1, 2개월은 번호표를 뽑고 줄을 서야 할 정도로 장사가 잘됐다. 동네 사람들의 호기심을 한 몸에 받은 결과였다. 하지만 호기심을 만족감으로 충족시켜 주지 못하면 그 관심은 거품처럼 금방 꺼지고 만다.

"엄마, 지금 팔아라. 박수 칠 때 떠나야 한다."

어머니는 언제나 내 의견을 존중해주는 지혜로운 분이다. 하지만 그런 어머니도 장사가 잘되는 가게를 팔라는 아들의 말을 이해하지 못하셨다. 아니나 다를까. 오픈 5개월 후, 정확히 손익 분기점을 넘긴 후부터 매달 1,000만 원씩 적자가 나기 시작했다.

고민 끝에 부모님은 회전식 숯불 오리구이 집으로 또다시 업종을 변경하셨다. 어디서 이와 관련된 대박집을 보고 오신 것이다. 회전식 화로를 놓기 위해서는 입식으로 변경했던 내부를 다시 좌식으로 뜯어고쳐야만 했다. 안타깝게도 회전식 숯불 오리구이 집은 오픈발마저 없었다.

_____ **먼 길을 돌고 돌아 다시 원점으로**

결국 부모님은 내 성화에 못 이겨 원래의 자리, 즉 돼지갈빗집으로 돌아가기로 했다. 돼지갈빗집이 사양길로 접어든 것은 시설과 환경의 문제지 맛의 문제가 아니었기에 낡은 인테리어와 주차장만 해결하면 분명 승산이 있을 것 같았다. 그래서 업종을 변경하는 동안 나는 부모님에게 계속 "돼지갈빗집으로 돌아가자"라고 외쳤다. 우리에게는 무려 10년 동안 쌓아 둔 고객이라는 든든한 백이 있지 않은가 말이다.

재오픈 후 생각보다 장사가 잘 되지는 않았다. 기대와 달리 미적지근한 반응에 부모님은 불안해하셨고 나도 큰소리는 쳤지만 내심 걱정이 되기 시작했다. 하지만 기다리는 수밖에 없었다. 고객들에게는 우리가 다시 돌아온 것을 인식할 수 있는 시간이 필요했다. 실제로 뒤늦게 재오픈 소식을 들은 옛 고객들이 하나둘 가게를 찾아오기 시작했고, 돼지갈빗집은 일 년 후가 지나서야 비로소 안정권에 접어들 수 있었다.

부모님이 그 먼 길을 돌고 돌아 다시 원점에 선 이유는 고객의 니즈를 제대로 파악하지 못했기 때문이다. 대부분이 그렇다. 상황에 쫓기면 사람들은 장사가 안되는 이유를 내부가 아닌 외부에서 찾으려고 든다. 같은 프랜차이즈, 같은 아이템인데도 장사가 잘되는 집이 있고 안되는 집이 있다는 것은 결국 그 원인이 내부에 있다는 이야기다.

그렇다면 장사가 잘되는 가게에는 있고, 장사가 안되는 가게에는 없는 게 무엇일까?

가장 먼저 장사가 잘되는 가게에는 여러 명의 사장이 있다. 손님이 관리자에게 "혹시 사장님이시냐"라고 물을 정도로 사장과 직원이 잘 구분되지 않는다. 사장과 직원이 똘똘 뭉쳐 한 방향으로 나가는

데 장사가 안될 수가 없다. 두 번째, 장사가 잘되는 가게에는 디테일이 있다. 이런 곳은 포장 용기부터 다르다. 컴플레인 매뉴얼도 확실해 문제가 발생해도 수월하게 처리한다. 세 번째, 장사가 잘되는 가게에는 정체성이 있다. 메뉴판 하나만 봐도 자신의 색깔을 명확하게 보여준다. 고객이 별다른 고민 없이 자신들의 음식을 믿고 선택하게 만들어 놓는 것이다. 마지막으로 장사가 잘되는 가게에는 변화의 의지가 있다. 이들은 고인 물이 되지 않기 위해 늘 연구하고 새로운 걸 시도한다.

반면 장사가 안되는 가게에는 사장은 물론 직원도 없다. 매장에 손님이 들어와도 시큰둥해 손님이 오히려 가게 직원들의 눈치를 보게 만든다. 두 번째, 장사가 안되는 가게에는 체계가 없다. 어제는 손님이 없다고 7시에 문을 닫고 오늘은 손님이 있다고 10시에 문을 닫는다. 문제가 발생하면 주먹구구식으로 해결하는 데 익숙하다. 세 번째, 장사가 안되는 가게에는 기준과 원칙이 없다. 메뉴판에 유행하는 사계절 아이템이 모두 들어 있어, 어떤 게 주력 상품인지 파악조차 어렵다. 네 번째, 장사가 안되는 가게에는 '내 잘못'이 없다. 이들은 경기가 나빠서, 상권이 구려서, 동네 사람들의 수준이 낮아서 장사가 안된다고 한다. 실패의 원인을 자기 탓으로 돌리고 싶지 않은 것이다. 스스로에게 발전할 기회를 주지 않으니 결국 똑같은 실수를 반복할 수밖에 없다.

_____ 배가 고프면 울어야 한다

나부터 손을 놓고 있는데 누가 나를 구원해줄 것인가. 매일 유튜브에 나오는 대박집의 성공 노하우만 본다고 해결될 문제가 아니다. 문제 없는 가게 없고 사연 없는 매장 없다. 손님이 없으면 전단지라도 들고 밖으로 나가야 한다. 갓난아이도 배가 고프면 운다. 온 힘을 다해 숨이 넘어가도록 울어 젖힌다. 밤이고 새벽이고 상관없이 내 배를 채우기 위해 최선을 다한다. 장사꾼도 마찬가지다. 배가 고프면 울어야 한다. 내가 배고픈 걸 알려야 사람들이 밥을 주러 온다.

지금 우리에게 필요한 건 다른 가게의 성공 노하우가 아니라 손님의 발길을 끊기게 만든 원인을 찾아 하나하나 해결해 나가는 것이다. 도대체 뭐가 문제인지 모르겠다면 간단하게 생각하라. "이러면 나부터도 안 오겠다"라고 생각이 드는 요인들을 찾아 "우와, 죽인다. 끝내준다"가 될 수 있게 바꿔 보라. 하다못해 화장실 청소라도 '죽인다, 끝내준다'가 돼야 한다. 그렇게 차곡차곡 빌드업해 나가면 문제의 본질이 보다 명확하게 보일 것이다.

사람

'혼자 하는 게 빠르다'라는 착각

사업을 하고 싶은가? 그렇다면 자신이 어떤 유형의 사람인지를 객관적으로 살펴볼 필요가 있다. 사업은 돈과 아이디어만으로 할 수 있는 게 아니다. 기획자, 즉 감독이나 리더 스타일이라면 자기 사업에 도전해 볼 만하다. 반면 플레이어, 즉 기술자나 전문가, 직장인 스타일이라면 조직원이 더 잘 어울린다. 유능한 선수가 되는 데 필요한 재능과 뛰어난 감독이 되는 데 필요한 역량이 다르기 때문이다. 감독&기획자&리더와 기술자&전문가&조직원은 과연 무엇이 어떻게 다른가? 축구를 예로 들어 보자.

먼저 감독에게 필요한 역량은 학연, 혈연, 지연에 묶인 어설픈 의리나 온정이 아닌 객관적인 시선이다. 기술과 체력, 멘털 관리로 선수 개개인의 실력을 극대화하는 것은 물론 팀 내 잠들어 있는 투지와 의지를 이끌어내야 한다. 기가 막힌 선수 교체 타이밍으로 판을 뒤집고 패색이 짙은 경기를 승리로 바꿀 수 있는 전술적 유연함도 필요하다.

반면 선수에게는 강인한 체력과 멘털, 전술을 이해하고 실행하는 능력이 요구된다. 결정적인 순간에 폭발적 힘을 내는 순발력, 넓은 필드를 지치지 않고 뛰어다닐 수 있는 지구력, 공간을 파악하고 상대 선수의 움직임을 예측하는 민첩성 등이 필수조건이다. 이런 플레이어를 사령탑에 앉히거나, 반대로 전략과 전술에 강한 감독을 필드 위에 세워 놓으면 어떻게 되겠는가? 경기는 산으로 흘러가고 결국에는 서로의 역량을 의심하며 남 탓을 할 수밖에 없다.

처음 장사를 시작할 때 내가 그랬다. 감독과 기획자가 아닌 멀티플레이어, 즉 기술자가 된 결과 내 영혼과 노동력을 갈아 넣어야만 조직이 굴러가는 장사로 끝나고 말았다.

_____ **패착의 시작**

대학 시절 옷 가게를 운영했던 경험을 바탕으로 20대 후반 온라인 의류 쇼핑몰을 오픈했다. 일과 사람에 미쳐 있던 터라 개인적으로는 재미있는 시간이었지만 업무적으로는 극한의 한계를 경험한 시간이기도 했다.

당시 직원을 8명이나 둘 정도로 장사가 잘됐지만 그곳에서 실질적으로 일하는 사람은 나 혼자였다. 직원들에게 일일이 일을 가르치는 것보다 내가 처리하는 게 더 빠르고, 직원들이 고객을 응대하는 것보다 내가 대응하는 게 매출이 더 높았기 때문이다. 머리로는 이런 상황이 결코 바람직하지 않다는 사실을 알았지만 가슴은 다른 이야기를 했다. '나는 되는데…' '나는 어렵지 않은데…' 상대는 왜 그걸 못하는지 이해하기가 쉽지 않았다. 독보적으로 역량이 뛰어난 선수가 감독이 되면 자신의 능력치가 팀을 운영하는 기준이 돼 버린다. 패착의 시작이다.

한 가지 예로 쇼핑몰 업무의 80퍼센트는 고객 불만을 처리하는 것이다. 온종일 "배송이 느리다" "응대가 마음에 들지 않는다" "옷의 컬러가 사진과 다르다"라며 항의하는 사람을 상대해야 한다. 사실 고객과의 통화에서 처음부터 큰소리 날 일은 그리 많지 않다. 어느 정도 대화를 주고받다가 서로 감정싸움으로 번지면서 문제가 생기는 것이다. 보통 이런 상황이 발생하면 직원이 문제를 해결할 때까지 참고 기다려줘야 한다. 하지만 당시 내게는 그럴 인내력이 없었다. 불씨가 더 커지기 전에 빨리 진화해야 한다는 생각으로 직원의 전화기를 낚아챘다.

"○○○ 씨, 죄송합니다. 사이즈에 문제가 있나요? … 저희 쪽에서 실수가 있었나 봅니다. 급해서 주문하셨을 텐데 화가 나실 만해요. 언제 교환을 기다리겠어요. 어떻게 제가 직접 교환해 드리러 갈까요?
… 근데 언제 입으실 건가요? 혹시 나이트 가시려고요?"

"어? 어떻게 아셨어요?"

우리의 실수를 인정하고 고객의 불편함을 이해하고 대안을 제시한 뒤 데이트, 면접, 나이트 등 구매 목적까지 파악하면 대화의 방향이 달라진다. 요즘 나이트 물은 어디가 좋은지, 유행하는 춤은 무엇인지, 어떤 차림이 이성의 관심을 끌 수 있는지 등 물건이 아닌 상대의 주된 관심사로 소통을 이어가다 보면 어느새 분노는 사라지고 호기심이라는 놈이 등장한다.

특히 또래를 대상으로 하는 장사는 공통의 관심사가 많아 이런 부분에서 용이하다. 어느 정도 친밀감이 쌓이면 상대는 어느새 환불 건으로 전화했다는 사실을 잊은 듯 "그럼 형님이 가장 괜찮은 놈으로 추천 좀 해주세요"라며 새로운 소비 욕구를 꺼내 보이곤 했다.

_____ **이성이 아닌 감정으로 물건을 구매하는 사람들**

대학 시절 옷 가게를 할 때 느낀 것 중 하나가 사람은 이성이 아닌 감정으로 물건을 구매한다는 사실이다. 사람들은 내 통장에 얼마가 있는지, 이번 달 예산이 얼마나 초과됐는지 점검하고 물건을 사지 않는다. 일단 눈에 들어온 물건을 손에 넣고, 마이너스로 구멍이 난 지갑보다 구매의 기쁨을 더 큰 플러스로 여긴다. 그러고는 뒤늦게 자신의 행동을 합리화할 이유를 찾는다. 청바지가 여러 벌 있어도 "요즘 입을 만한 옷이 없어서…" "지난번에 산 남방과 어울리는 바지가 필요해서…"라는 식이다. 결국 고객의 감정을 건드려야 지갑이 열리는 것이다.

내가 전화기를 잡으면 10만 원을 환불하려던 고객이 50만 원어치 옷을 추가로 구매하고, 직원이 수화기를 잡으면 곧바로 환불로 이어지는 일이 빈번하게 발생했다. 이런 과정을 몇 번 거치고 난 후 결국 모든 CS를 내가 담당하기에 이르렀다.

Q&A 게시판이 따로 있었지만 내 스타일에 익숙해진 고객들은 이를 이용하지 않았다. 스피커폰으로 고객과 통화하면서 다른 한 손으로는 마우스를 잡고 모니터에 뜬 재고를 확인했다. 그리고 나머지 한 손으로는 다른 고객의 문자에 대답하는 상황이 이어졌다. 잠자는 시간을 제외하고 매일 새벽 4, 5시까지 전화기를 붙잡고 살았다. 하루 평균 200여 건 이상 이어지는 고객의 문의를 처리하려면 어쩔 수 없었다.

이 말을 다르게 해석하면 나 외에 다른 직원들은 업무와 관련된 내용을 제대로 학습하지 못했다는 뜻이다. 직원들이 고객과 온몸으로 부딪히며 얻어야 할, 배워야 할, 성장해야 할 과정을 나 혼자 독점했던 것이다. 운전을 가르치는 가장 좋은 방법은 당사자에게 직접 운전대를 잡게 하는 것이다. 하지만 나는 끝내 운전대를 놓지 못했다.

주 100시간 노동하는 부자가 아니라
주 10시간만 일해도 되는 부자가 돼라

나그네: 정말 열심히 일하시는군요.

나무꾼: 네, 이게 제 일이니까요.

나그네: 너무 피곤해 보이네요. 몇 시간 동안 나무를 베셨나요?

나무꾼: 다섯 시간 정도요. 짜증이 날 정도로 힘들어요.

나그네: 좀 쉬면서 도끼를 갈면 어떨까요? 그러면 일이 좀 더 빨리 끝날 것 같은데요.

나무꾼: 그럴 틈이 없어요. 너무 바쁘거든요.

주변을 보면 이솝 우화에 나오는 나무꾼과 같은 사람이 너무도 많다. 예를 들어 엄청난 매출을 올리는 미용실이 있다. 그런데 이 미용실은 원장이 없으면 제대로 돌아가질 않는다. 동네에서 꽤 유명한 개인 병원이 하나 있다. 이곳 역시 원장이 자리를 비우면 환자들이 예약을 미루거나 진료를 취소한다. 다른 의사들이 있음에도 오롯이 원장에게만 진료를 보겠다는 것이다. 스타플레이어의 비극이다.

이들에게 시스템과 매뉴얼의 중요성에 대해 이야기하면 열에 아홉은 "일이 많다" "시간이 없다" "내가 하는 게 빠르다"라고 말한다. 기획자가 아닌 기술자로, 사업 소득자가 아닌 근로 소득자로 남겠다는 의미다. 단언컨대 이들은 지금처럼 앞으로도 계속 바쁠 것이다. 본인이 페달에서 발을 떼는 순간 넘어질 수밖에 없는 자전거 위에 앉아 있기 때문이다.

이들은 계속 페달을 밟기 위해 저녁은 물론 주말도 반납한다. 여러 사람이 함께해야 할 일을 혼자 처리하려니 어쩔 수 없다. 가족, 연인, 친구에게 어느덧 잊힌 존재가 되는 것은 물론 건강을 잃는 것은 덤이다. 나 역시 이런 과정을 겪었다. 쇼핑몰을 운영할 당시 365일, 하루 평균 19시간 이상 내 영혼과 노동력을 갈아 넣은 결과 친구들은 멀어졌고 건강에도 이상 신호가 감지됐다. 사람들과 소통하는 것을 워낙 좋아하는 성격이라 당시에는 힘들다는 걸 몰랐는데, 몸이 더는 버틸 수 없다고 비명을 질러 대고 있었다. 체력 하나는 자신 있던 내게 적잖은 충격이었다.

시간 부자가 되는 길

주 100시간 일하는 '노동 부자'가 아니라 주 10시간만 일해도 되는 '시간 부자'가 돼야 한다. 시간 부자가 되는 유일한 길은 시스템을 구축하는 것이다. 그런데 시스템은 결국 사람을 통해 실현된다. 이것이 바로 역량이 뛰어난 한 사람이 아니라 구성원 모두가 함께 성장해야 하는 이유다.

여기 한 명의 목수가 있다. 그에게 내 집 하나 꾸미는 것은 일도 아니다. 하지만 집을 짓는 문제, 즉 건축으로 넘어가면 이야기는 달라진다. 건축을 하려면 토지를 매입하고 경계를 측량하고 기존 건축물을 철거해야 한다. 설계와 인허가를 받고 착공 신고를 거쳐야 비로소 토목, 건축 공사를 시작할 수 있다. 이 시스템을 파악하지 못하면 그는 평생 연장을 들고 직접 현장을 뛰어야 한다. 하루 일당 25만 원을 받는 목수로, 하루도 쉬지 않고 일한 대가로 매달 통장에 꽂히는 750만 원으로 만족해야 하는 것이다.

흔히 말하는 1인 기업이라면 목수의 삶도 나쁘지 않다. 하지만 사업을 하고 싶다면 이야기는 달라진다. 실무자가 아닌 기획자가 돼야만 가능한 일이기 때문이다.

목수는 지금까지 혼자 뚝딱뚝딱 쉽게 일을 처리해 왔다. 공사 현장을 한번 훑어보면 대충 사이즈가 나오기 때문에 도면도 필요치 않았다. 1인 기업으로는 최적화된 상황이다. 그런데 일을 너무 잘한 게 문제였을까? 어느새 혼자 일을 감당할 수 없는 수준이 됐다. 원하든 원치 않든 팀을 꾸려야만 한다. 문제는 지금부터다.

목수의 머릿속에는 완벽하게 있는 도면이 팀원들에게는 없다. 지금이라도 도면 그리는 법을 배우면 좋겠지만 날마다 현장을 뛰어다니느라 이마저도 쉽지 않다. 결국 그는 사람들을 불러다 놓고 "창문은 이렇게 내고, 기둥은 저렇게 잡고, 천장은 그렇게 해야 되겠지? 어떤 느낌인지 알지?"라고 말한다. 이제 현장은 명령어와 좌표를 입력해야만 움직이는 로봇으로 가득 차게 된다.

"목수님, 이거 어떻게 할까요?"

"ㄱ 자로 만들어서 가져오세요."

"목수님, 저건 어떻게 할까요?"

"3센티미터 두께로 재단하고 나서 대패질을 하세요."

목수의 지시에 따라 현장은 분주하게 돌아가지만, 그곳에서 일하는 사람들은 지금 자신이 정확하게 무엇을 만드는지 모르고 있다. 총체적인 설계도를 본 사람이 아무도 없기 때문에 장님이 코끼리를 만지듯 시키는 일만 할 뿐이다.

온라인 의류 쇼핑몰을 운영할 당시 직원들이 내게 가장 많이 한 말은 "형, 이제 무얼 할까요?" "형, 정리 다 했는데 이제 뭐해야 해요?"였다. 그리고 내가 그들에게 가장 많이 했던 말은 안타깝게도 "기다려라"였다. 이런 상황에서는 아무리 역량이 뛰어난 사람이라도 주도적, 능동적, 창의적으로 일하기 어렵다. 그 누구보다 자율성이 보장된 조직을 원했지만 나도 모르게 수동적으로 움직일 수밖에 없는 구조를 만들어 놓은 것이다.

_____ **직원에게 의사결정권을 준다는 것**

직원들에게 의존성을 심어 주는 리더는 강하지 않다. 오히려 지나친 걱정과 우려로 상대를 과보호하려고 해서 문제다. '네가 스트레스를 받는 걸 보느니 내가 하는 게 낫지'라는 생각과 상대가 서툴고 미숙하다는 불안감 때문에 자율성과 독립성을 허락하지 못한다. 일단 일을 맡겨 봐야 상대의 능력도 평가할 수 있다. 그렇게 하지 않으면 무엇으로 그 사람의 역량을 판단할 것인가.

직원에게 의사결정권을 주기 위해서는 무엇보다 불완전하고 불만족스러운 결과물을 감수하겠다는 리더의 의지가 필요하다. 일을 맡긴다는 건 상대를 전폭적으로 신뢰하고 지지한다는 뜻이기 때문이다. 그럼에도 직원에게 일을 맡기는 게 불안하다면 중요도가 덜한 일부터 맡기는 연습을 하라. 이 과정은 두 사람 모두에게 필요한 성장의 시간이다. 어찌 보면 리더를 불안하게 만드는 것은 경험이 부족한 직원이 아니라 상대를 불만족스럽게 바라보는 그 자신의 시선이 아닐까 싶다.

First In, Last Out

기술자, 즉 실무진에서 기획자&감독&리더의 자리로 넘어오면서 지켜 온 원칙이 하나 있다. "First In, Last Out"이 바로 그것이다. 이는 화재나 재난 상황이 발생하면 "가장 먼저 들어가 가장 마지막에 나온다"라는 소방관들의 숭고한 희생정신을 가리키는 문구다. 그런데 이 문구는 장사가 아닌 사업을 하고자 하는, 기술자가 아닌 기획자를 지향하는 사람에게도 적용되는 말이다.

"가장 먼저 들어가 가장 마지막에 나온다"라는 문구 속에는 폼 나고 그럴듯하고 스포트라이트를 받는 일이 아니라 힘들고 어렵고 고되고 위험한 일을 가장 먼저, 첫 번째로 맡겠다는 의미가 들어 있다.

예를 들어 여러 사람이 함께 산을 오른다고 하자. 리더는 선두에 서서 사람들에게 길을 안내하고, 뒤처지는 사람이 있으면 오던 길을 되돌아가 그들과 보폭을 맞추며 격려해줘야 한다. 또한 산행을 포기하려는 사람이 있으면 끝까지 정상에 오를 수 있도록 도와주어야 한다. 산을 내려올 때도 마찬가지다. 결국 정상에 가장 먼저 오르는 사람도, 산에서 가장 마지막에 내려오는 사람도 리더인 셈이다.

_____ **"내가 빠지면 장사는 누가 해요?"**

리더는 무대의 주인공이 아니라 조직을 원활하게 굴러가도록 만드는 윤활유와 같은 역할을 해야 한다. 그런데 리더&기획자의 역할에 대해 다소 오해가 있는 듯하다. 마치 완장이라도 찬 듯 직원들 위에 군림하려는 사람이 많기 때문이다. 이런 사람들은 문제가 발생하면 그 원인을 '내'가 아닌 '남'에게서 찾고, 상대만 변하면 모든 것이 해결되리라고 생각한다. 본인이 가장 우월하다는 자기중심적인 사고가 불러온 비극이다.

음식점을 예로 들어 보겠다. 주방에서 만든 육수가 마음에 들지 않을 때 "지금도 괜찮은데 시원한 맛이 조금 부족한 것 같다. 좋은 방법이 없을까?"라며 작업자에게 스스로 해답을 찾도록 기회를 주는 사람이 있고, "이거 맛이 왜 이래? 내가 만들어도 이거보다 낫겠다"라며 직접 소맷자락을 걷어붙이고 주방으로 들어가는 사람이 있다. 그리고는 실무자를 불러 디포리, 황태, 표고버섯, 마늘, 양파 등 재료의 비율까지 말해주며 세세하게 지시를 내린다. 실무자보다 자신의 실력이 뛰어나다고 생각하는 것이다. 그렇다면 자신이 실무자가 되는 게 맞다. 그 누가 와도 성에 차지 않을 것이기 때문이다.

"내가 빠지면 장사는 누가 해요?"라고 묻는 사람이 있는데 사장이 자리를 비워도 돌아가는 가게를 만드는 게 우리의 목표다. 나 아니면 안 된다는 생각, 내가 무조건 중심이 돼야 한다는 고집은 스스로를 평생 일의 노예로 만들 뿐이다.

나 또한 비슷한 과정을 거쳤다. 철이 없던 20대에는 '내가 아니면 안 된다' '나를 대체할 사람이 없다'라는 생각이 강했다. 하지만 지금은 정반대다. '반드시 이 사람이어야만 한다' '내가 가장 잘할 수 있다'가 아니라 '누구든지' '누구라도' 언제든 내 자리를 대신할 수 있음을 안다. 관점이 변한 것이다.

내가 부족한 사람이라는 것을 인정하면 자연스럽게 이를 대체할 좋은 인력들이 필요하다는 사실을 깨닫게 된다. 한 가지 예로 나는 실무자들이 역량을 한껏 발휘하도록 판을 벌이는 기획력은 뛰어날지 몰라도 그들보다 더 맛있는 음식을 만들 자신은 없다. 그래서 이 부분을 채워 줄 좋은 인재를 찾기 위해 많은 노력을 기울였다. 제아무리 뛰어난 기획자라도 기술자가 이를 실현시켜 주지 못하면 그 기획은 무용지물에 불과하기 때문이다.

_____ 그 무엇도 아끼지 마라

혼자 할 수 있는 일의 범위는 분명 한정돼 있다. 하지만 함께 일하는 사람을 성장시키면 일의 영역과 역량이 무한대로 확장된다. 그 가치는 매장 하나를 오픈하는 것만큼이나 중요하다. 다만 사람을 성장시키고 사업을 키우기 위해서는 그만큼의 대가를 지불해야 한다. 내 기획을 실현시켜 주는 소중한 사람들에 대한 감사함과 고마움은 어떻게 보상해도 지나치지 않다. 돈, 휴가, 선물, 격려, 시간 등 그 무엇도 아끼지 않아야 한다.

그중에서도 나는 시간적인 부분을 가장 많이 할애하는 편이다. 직원은 물론 아르바이트생까지 고민이 있으면 들어주고 어떻게든 해결 방법을 찾아주려고 애를 쓴다. 덕분에 하루 일과의 90퍼센트를 사람들과 대화하는 데 사용한다. 늦은 저녁 집으로 돌아오면 편도선이 부을 정도로 많은 에너지가 드는 일이지만, 그들이 나를 필요로 한다면 내일도 또 다른 누군가와 인생의 고민을 나누고 있을 것이다.

당신의 이야기가
상대에게 흡수되지 않는 이유

설득은 자신이 원하는 방향으로 다른 사람을 행동하게 하는 것이다. 그런데 이 설득의 방향이란 게 참 묘하다. 늘 위에서 아래로 흐른다. 상사가 부하에게, 부모가 자식에게, 선생님이 학생에게 원하는 것이 있을 때 꺼내 드는 게 설득이라는 카드다.

그래서 서열이나 지위, 관계에서 불리한 위치에 놓인 사람은 일단 '설득당한 척'을 한다. 상대의 기분을 상하게 하지 않고 불편한 자리를 빨리 벗어나기 위해서다. 살면서 진심으로 설득당한 적이 몇 번이나 있는지 한번 생각해 보라. 사람은 어지간해서 설득당하지 않는다. 이것이 당신의 이야기가 직원에게 흡수되지 않는 이유다.

　　관계는 서로를 비추는 거울이다. 리더가 관리자에게 일방적인 명령과 지시를 내리면 관리자도 아랫사람에게 똑같은 방법으로 의사를 전달한다. 반면 리더가 관리자를 존중하고 인격적으로 대하면 관리자도 아랫사람을 배려하고 보살핀다.

　　한 가지 예로 갑자기 매장 창틀에 뽀얗게 쌓인 먼지가 눈에 들어오는 날이 있다. 그 순간 나는 직원을 부르기에 앞서 '실무자라면 이 먼지를 치울 수 있었을까?'라는 생각을 먼저 한다. 종일 한자리에 앉아 있는 사무직과 달리 장사는 신경 써야 할 일이 한두 가지가 아니다. 더 급하고 중요한 일을 처리하다 보면 여기저기 미흡한 부분이 생길 수밖에 없다.

　　온종일 매장에 있는 나도 놓치는 부분이 많은데 현장에서 발로 뛰는 사람은 오죽하겠는가. 내가 미처 체크하지 못한 부분이라면 직원도 충분히 그럴 수 있다. 그렇다면 내가 할 일은 하나다. 조용히 걸레를 찾아 들고 창틀을 닦는 것이다. 뒤늦게 상황을 파악한 직원들이 하나둘 달려오면 "이런 건 내가 할 수 있으니 다른 일에 집중해 달라"고 부탁한다. 사실이 그렇다. 영업 시간에 직원은 사장의 눈치나 창틀의 먼지가 아니라 손님과 음식에 더 집중해야 한다.

　　이런 일이 있고 나면 더는 창틀의 먼지를 신경 쓸 필요가 없다. 직원들이 먼저 나서서 관리를 시작하기 때문이다. 잔소리나 지시, 명령과 협박보다 강력한 무언의 메시지가 가진 힘이다. 흔히 이성과 논리를 바탕으로 이야기하는 게 상대를 설득하기 쉽다고 생각하지만 큰 오산이다. 설득은 내 입장이 아니라 상대의 입장을 이해하고 존중하는 것에서부터 시작된다. 이성에 호소하면 상대의 머리를 끄덕이게 하지만 마음에 호소하면 상대를 움직이게 만든다.

"청결 상태가 왜 이래? 손님도 없는데 청소 하나 제대로 못 하고. 당장 걸레 가지고 와!"라고 잔소리를 퍼부으면 매장은 즉각적으로 깨끗해질 것이다. 하지만 '우리가 팽팽 놀고 있던 것도 아닌데, 매장에서 가장 한가한 자기가 좀 닦지'라고 생각하며 걸레질을 하는 직원의 행동이 근본적으로 바뀔 리 없다. 매장의 분위기는 순식간에 얼어붙고 그 피해는 고스란히 고객에게 돌아간다. 음식과 서비스에 짜증이 묻어 나오기 때문이다. 안 그래도 온종일 고객을 상대로 감정노동을 해야 하는 사람들이다. 열심히 일하는 사람을 독려하지는 못할망정 최소한 팀킬은 하지 말아야 한다.

내가 각 매장을 도는 이유도 감시하고 지시하기 위함이 아닌 가장 취약하고 급한 부분을 채워 주기 위해서다. 하지만 직원들의 일손을 돕기 위한 어설픈 행동이 오히려 일을 방해하거나 성장의 기회를 빼앗을 수 있으므로 눈치껏 도와주는 센스가 필요하다.

이에 직원들이 하기 싫어하는 일을 주로 하는데 주차 요원도 그중 하나다. 한여름에는 내리쬐는 뙤약볕을 버텨내고 한겨울에는 동장군의 칼날을 온몸으로 맞아야 하는 주차 요원은 여간 힘든 게 아니다. 주차 자리가 없을 때는 손님의 항의도 받아야 하고, 고가의 외제 차라도 들어오면 행여 흠집이라도 낼까 긴장하기 일쑤다. 설거지와 더불어 스트레스가 많은 영역이기에 대신하는 것이다.

_____ 사람에 대한 애정과 관심

정신없는 미팅을 끝내고 매장으로 돌아가는 길, 갑자기 커피 한잔이 생각나는 순간이 있다. 이럴 때면 어느새 내 손에는 한잔이 아닌 13잔의 커피가 들려있다. 내가 커피 생각이 간절하면 직원들 또한 그럴 것이라고 생각하기 때문이다. 사실 직원 관리는 그리 어려울 게 없다. 나와 직원을 동등하게 생각하면 된다. 내가 배고프면 직원들도 배고플 것이고, 내가 쉬고 싶으면 직원들도 쉬고 싶을 것이고, 내가 받고 싶은 선물은 직원들도 받고 싶을 것이다. 솔직히 나는 어려운 경영 이론이나 조직 관리론 같은 건 모른다. 단순, 무식하게 '나를 대하듯 직원을 대한다'라는 생각 하나로 지금까지 사람들을 이끌어왔다.

이런 이야기를 하면 열에 아홉은 "그건 돈이 있으니까 가능한 이야기다"라고 말한다. 그런데 사람에 대한 애정과 관심은 물질로 해결할 수 있는 부분이 아니다. 정성과 진심이 있어야만 몸이 움직이는 마음의 영역이기 때문이다.

사업 초기 주머니 사정이 여의치 않았을 때도 10만 원이 생기면 1만 원을, 100만 원이 생기면 10만 원을, 1,000만 원이 생기면 100만 원을 함께하는 사람들에게 돌려줬다. 그리고 돈보다 더 중요한 교감과 공감을 나누기 위해 많은 시간을 할애했다.

과연 사람들이 커피나 피자를 시킬 줄 몰라서 직원들에게 인색하게 굴겠는가? 사람이 아닌 돈을 먼저 보기 때문에 마음이 움츠러드는 것이다. 실제로 직원에게 피자를 사주는 게 아깝다고 혼자 밖으로 나가 저녁밥을 먹고 오는 사람도 봤다.

소를 탓하기 전 외양간부터 고쳐라

얼마 전 한 지인이 "하루가 다르게 시급은 높아지는데 직원들이 돈을 받는 만큼 일을 하지 않는다"라며 하소연을 해왔다. 물론 그 직원에게도 어느 정도 문제는 있었을 것이다. 그런데 지인의 가게처럼 인력 이탈이 잦으면 생각을 달리해 볼 필요가 있다. 손님도 많지 않고 시급도 맞춰 주고 일도 힘든 게 없는데 사람들이 자꾸 그만두는 곳이라면 더욱 그렇다. 문제의 원인이 상대가 아닌 나 자신에게 있을 수 있다는 말이다.

이런 이야기를 하면 지인은 "니 말, 틀린 거 하나 없다. 나한테도 문제가 있는 거 안다. 그런데 나도 너만큼 여유 있으면 애들한테 못

해줄 게 없다. 형편 때문에 못해주는 내 심정은 오죽하겠나?"라고 말한다. 그런데 지인의 가게에 있는 직원은 총 3명이다. 명절 보너스로 20만 원을 지급한다면 60만 원이면 해결된다. 나와 함께 일하는 직원은 대략 50여 명, 명절 보너스로만 1,000만 원이 나가야 하는 상황이다. 물론 처한 상황에 따라 같은 돈이라도 그 무게가 다르겠지만, 단순히 숫자로만 봤을 때 60만 원과 1,000만 원 중 어느 금액이 더 부담스러운가. 하루 매장 직원들에게 들어가는 커피값만 20~30만 원, 매월 직원들의 간식비로 사용한 총액을 따져 보면 웬만한 아르바이트생 월급보다 많다.

나는 합리적인 소비, 가성비가 그 무엇보다 중요한 사람이다. 물건 하나를 사더라도 허투루 사는 법이 없다. 그래서 나를 아는 사람들은 '생각보다 짠돌이다' '스스로를 피곤하게 만드는 스타일이다'라고 이야기한다. 동료나 직원, 친구의 선물을 살 때는 아무런 계산 없이 지갑이 열리지만 개인적인 물품을 살 때는 단돈 1만 원짜리도 검색을 통해 반드시 최저가로 구매한다. 몇백 원, 몇천 원 차이면 새로 로그인하는 게 귀찮지 않느냐고 묻는데 전혀 그렇지 않다. 로그인이 귀찮아 놓친 몇백 원, 몇천 원이 더 아깝다. 단순히 이런 성격상으로만 봐도 베푸는 데 내가 더 인색해야 하는 게 맞다. 돈이 있어서 사람을 챙기는 게 아니라는 말이다.

소를 탓하기 전에 외양간부터 고쳐야 한다. 그러면 최소 소를 잃고 외양간까지 고치는 이중 손해를 볼 일은 없을 것이다.

그들이 나를 따라야 하는
이유는 무엇인가

장사는 고객을 상대하는 일인 동시에 직원을 쓰는 일이기도 하다. 사람으로 시작해서 사람으로 끝나는, 결국 사람 관리가 장사의 전부라고 해도 과언이 아닌 셈이다. 어떤 사람은 1,000원짜리 하나 팔아 주면서 왕 대접을 받으려는 손님도 꼴 보기 싫고, 자기 마음대로 되지 않는 직원은 더더욱 보기 싫다고 한다. 더 나아가 내가 못사는 건 부모가 능력이 없어서고 손님이 없는 건 경기가 나빠서라고 한다. 하다못해 조상 탓, 날씨 탓이라도 해야 직성이 풀리는 것이다.

모든 것이 내 탓이라고 여기면 화날 이유가 없다. 음식에서 벌레가 나왔다고 하자. 세심하게 식자재를 관리해도 작은 벌레까지 통제하는 것은 불가능하다. 사장이 벌레를 체크하지 못한 직원을 탓하면 직원은 벌레가 들어 있는 식자재를 납품한 납품처를, 납품처는 벌레가 들어 있는 농산물을 판매한 농부를 원망한다. 서로에게 아무런 도움이 되지 않는 감정의 소모전을 벌일 뿐이다. 이때는 차라리 '내가 시설을 제대로 못 갖춰서 일어난 문제다' '내가 관리를 소홀히 해서 일어난 일이다'라고 생각하며 관리에 더 신경을 쓰는 게 낫다.

———— 사람이 아닌 상황을 통제하라

한 가지 예로 매장에서 주문 오류가 나면 대부분 '주문을 잘못 받은 사람'을 색출하기 바쁘다. 문제를 일으킨 원인 제공자를 찾아서 화풀이하겠다는 심산이다. 그럴 때면 직원들에게 "그 사람은 찾아 뭐하겠다는 건데?"라고 물어본다. 굳이 원인 제공자를 찾아내지 않아도 당사자는 충분히 미안해하고 있을 것이다. 그 사람을 찾아내어 잘못을 탓한다고 상황이 달라지는 것도 아니지 않은가. 오늘은 동료가 실수했지만 내일은 내가 주문을 잘못 받을 수도 있다.

이런 상황에서는 원인 제공자를 찾기보다는 같은 상황이 반복되지 않도록 대안을 찾는 게 먼저다. 사람이 아닌 상황을 통제하라는 말이다. "지적해줘야 같은 실수를 반복하지 않는다"라고 말하는 사람도 있는데, 천만의 말씀이다. 밤낮이 바뀐 나는 어린 시절부터 지금까지 부모님에게서 "일찍 자고 일찍 일어나라"는 말을 수백, 아니 수

천 번도 더 들었다. 하지만 여전히 늦게 자고 늦게 일어나 종종 곤란한 상황에 처하기도 한다. 부모님 말씀조차 듣지를 않는 게 사람인데, 사장의 말이라고 다르겠는가.

_____ 내 마음처럼 움직이는 사람들

장사를 하다 보면 손님이 밀려 들어와 담배 한 대 피울 정신조차 없는 날이 있다. 이런 상황에서는 최대한 빨리 주문을 받고 서둘러 음식을 내가는 게 최고 서비스다. 온종일 밥 한 끼 제대로 먹지 못한 상태에서 주문을 받고 테이블을 세팅하고 식탁을 치우는 일을 반복하다 보면 어느새 밤 9시가 훌쩍 넘는다. '하얗게 불태웠다'라는 표현이 몸소 체감되는 날이다.

내 걸음이 천 근이면 실무를 뛴 직원들의 발걸음은 만 근이다. 이런 날은 주방 청소 정도는 건너뛰어도 된다. 관리를 잘해 놓으면 하루쯤 청소를 걸렀다고 해서 큰 문제가 생기지 않는다. 만약 예상치 못한 문제가 발생했다면 평소 매장 관리가 제대로 되지 않았다는 이야기다. 오히려 시스템을 점검할 좋은 기회로 삼아야 한다.

그런데 하필이면 이런 날 퇴근하는 직원을 불러서 "아까 손님에게 불친절했다" "계산할 때 인사를 건네지 않았다"라며 지난 행동을 지적하는 사람이 있다. 본인이 그 전쟁터에서 함께 뛰었다면 절대 할 수 없는 말이다. 매장 밖에는 웨이팅이 밀려 있고 매장 안에서는 손님들이 서로 주문을 받으라고 아우성이다. 주문과 결제를 동시에 진행하며 쉬지 않고 울려 대는 전화까지 받아야 하는 상황이면 나부터도 긴 인사는 생략한다. 인사하기 싫어서가 아니라 인사를 할 수 없기 때문이다. 내가 할 수 없는 건 상대도 할 수 없다. 내가 할 수 없는 일을 그 누구에게도 강요해서는 안 된다.

그러므로 상대에 대한 비판적 시선을 나 자신에게 돌려라. 그들이 나를 따라야 하는 이유가 무엇인지 스스로에게 물어보라. 그 답을 찾는 순간 내 마음처럼 움직이는 사람들을 보게 될 것이다.

마지막으로 기술 전수를 미끼로, 창업을 담보로 어린 직원들을 붙잡고 희망 고문을 하는 사람들이 있다. 이들이 가장 즐겨 쓰는 말은 "열심히 잘 배우면 내가 가게 하나 차려 줄게"라는 것이다. 이들이 직원에게 창업이라는 달콤한 사탕을 물려 주는 이유는 불만이 있어도 입 꾹 다물고 일이나 하라는 뜻이다. 정당한 대우나 존중은 바라지 말라는 의미다. 이런 사람을 만난다면 미련 없이 그곳을 박차고 나와야 한다. 그들은 당신의 시간과 경험, 열정을 훔쳐 먹는 나쁜 사기꾼일 뿐이다. 제대로 된 리더는 헛된 약속을 하지 않는다. 제대로 된 어른은 자신보다 불리한 위치에 선 사람의 것을 빼앗지 않는다. 그것이 돈이든 감정이든 시간이든 말이다.

직원의 외모가
매출에 미치는 영향

자영업자들이 자주 하는 말 가운데 하나가 바로 "가방끈 긴 사람을 구하기가 쉽지 않다"라는 것이다. 특별한 기술이나 역량이 필요하지 않은 서비스업의 특성상 좋은 인재를 만나기 어렵다는 우회적 표현이다. 사실이 그렇다. 서비스업은 손발이 자유롭고 몸만 움직이면 누구나 할 수 있는 일이다. 그래서 마인드가 더욱 중요하다.

그런데 언제부터인가 자영업, 서비스업에서 좋은 인재의 기준이 마인드가 아니라 외모가 된 듯싶다. 실제로 예쁘고 잘생긴 직원을 뽑았더니 매출이 30~40퍼센트 늘었다는 소식도 심심치 않게 들려온다. 그 사람이 퇴사하지 않고 계속 일한다면 분명 경쟁력을 높이는 요소가 될 수도 있다. 하지만 연예인 뺨치는 인물을 계속 수혈하는 건 사실상 불가능하다. '뛰어난 외모를 가진 인물'이라는 요소가 빠졌을 때 발생하는 마이너스를 대체할 방안이 마땅치 않은 것이다. 그렇다면 뛰어난 외모를 가진 직원으로부터 비롯된 매출은 계절 특수 또는 이벤트성 매출과 같다고 봐야 한다. 한마디로 진짜 경쟁력이 될 수 없다는 이야기다.

우리 가게 직원들은 대부분 나와 같이 평범한 외모를 가지고 있다. 개중에는 뛰어난 리더십과 활발한 성격을 가진 친구들도 있지만 내성적 성격을 가진 사람도 적지 않다. 처음 일을 시작할 당시 부끄럽다는 이유로 "어서 오세요"라는 인사조차 하지 못하는 사람도 있었다. 이런 친구들에게는 굳이 큰 소리로 인사하라고 강요하지 않는다. 대신 손님에게 환한 미소와 정성을 보여주라고 이야기한다.

가게 문을 열고 들어갔는데 손에 쥔 핸드폰에서 눈도 떼지 않고 목소리만 크게 인사하는 직원의 모습에서 친절을 느끼는 사람이 몇이나 되겠는가. 나는 별다른 액션이 없어도 내가 가게에 들어선 순간부터 자리에 앉을 때까지 시선을 떼지 않는 정성에 더 고마움을 느낀다. 고객이 원하는 것은 우렁찬 인사가 아니라 존중받고 있다는 느낌이다.

자신감이 부족해서 말을 하지 못하면 행동으로 그 정성을 보이면 된다. 진짜 문제는 그 '행동조차 할 마음이 없다'는 데 있다.

_____ **오합지졸의 힘**

뛰어난 외모를 가진 사람은 자신이 늘 주목받고 반짝반짝 빛이 난다는 걸 안다. 특별히 애를 쓰지 않아도 다른 사람보다 더 많은 기회가 주어지는 것도 사실이다. 상황이 이렇다 보니 일이 힘들거나 좀 더 나은 조건을 제시하는 곳이 있으면 미련 없이 둥지를 떠나버린다. 그 사람이 떠난 자리의 공백은 남은 사람들이 채워야 한다. '여기가 아니라도 어디든 일할 곳은 많다'라고 생각하는 사람과 '작은 역할이지만 주어진 일에 최선을 다하자'라고 생각하는 사람이 만들어내는 퍼포먼스가 같을 리 없다. 직원을 뽑을 때 외모가 아닌 근면한 자세, 성실한 태도, 타인을 배려하는 마음, 일을 배우려는 의지 등 '마음가짐'을 먼저 보는 이유도 여기에 있다.

화려한 언변으로 사람들에게 인기가 많은 직원이 한 명 있었다. 평소 슬렁슬렁 넘어가는 태도 때문에 눈여겨보고 있었는데, 하루는 연락도 없이 세 시간이나 지각을 했다. 전날 술을 많이 마셔서 알람 소리를 듣지 못했다는 것이다. 늦어서 죄송하다는 그에게 "이건 나한테 미안한 일이 아니라 같이 일하는 사람들한테 미안해야 하는 일이다"라는 말로 상황을 정리했다.

그런데 그 후로도 나아지는 게 없었다. 알고 보니 실연의 아픔을 술로 달래고 있었던 것이다. 하지만 그는 좀처럼 이 사실을 인정하려고 하지 않았다. 매번 '집안에 안 좋은 일이 있어서' '오랜만에 초등학교 동창을 만나서'라는 식으로 핑계를 둘러댔다. "지각하는 게 문제가 아니라 자꾸 거짓말을 하는 네 행동에 화가 난다"라고 경고를 줬음에도 변명으로 일관하며 상황을 모면하려고만 들었다. 이런 경우는 더 두고 볼 것도 없이 바로 짐을 싸서 내보낸다.

오랜 경력을 가진 주방 인력을 잘 뽑지 않는 이유도 이와 비슷하다. 경력을 무시해서가 아니라 '자신의 경험이 옳다'라는 지나친 신념을 경계하는 것이다. 처음 장사를 시작하는 초심자에게 경력자는 천군만마와 같다. 뭐든 혼자 알아서 척척 해내는 것은 물론 장사가 서툴러 헤매는 사장을 도와주기도 한다. 그런데 사장이 장사에 익숙해지면 상황이 달라진다. 사장의 지시를 경험 없는 풋내기의 어설픈 요구로 취급하며 도통 자신의 고집을 꺾지 않는다. 한 명도 벅찬 작은 돛단배에 선장이 두 명이니 배가 앞으로 나갈 리 있겠는가.

나는 역량이 뛰어난 플레이어보다 느리고 서툴러도 마음가짐이 뛰어난 친구들이 좋다. 독단적인 플레이로 혼자 앞서 나가는 선수보다 체력, 기술력, 센스는 조금 부족하더라도 동료들을 믿고 배려하는 친구들을 사랑한다. 다른 사람들의 눈에는 우왕좌왕하는 오합지졸처럼 보일지라도 잘만 다듬으면 그 누구보다 반짝이며 제 빛을 낼 귀한 존재라는 사실을 알고 있기 때문이다. 좋은 인재는 멀리 있지 않다. 오히려 너무 가까이에 있어서 그 가치를 알아보지 못할 뿐이다.

너님은 더 이상
내 고객이 아니세요

얼마 전 주말에 있었던 일이다. 외부에 있는데 한 직원이 울면서 전화를 했다. 손님과 문제가 생겼다는 것이다. 조조칼국수는 현재 포장만 할 뿐 별도의 배달은 하지 않는다. 그런데 가끔 퀵으로 음식을 주문하는 사람들이 있다. 그날도 손님의 요청대로 오토바이 퀵 기사님을 불러 칼국수를 보냈는데 안타깝게도 육수가 흘러 도착한 모양이다.

직원이 불편을 드려 죄송하다고 사과한 뒤 육수를 다시 보내준다고 하자 상대는 "이제 육수를 보내면 언제 먹으라는 거냐! 지금까지 기다렸는데 또 기다리라는 말이냐"라며 화를 냈다. 퀵비를 포함해 음식값을 환불해주겠다고 하니 "아파트 복도에 흘린 육수는 어떻게 할 거냐"라며 따지기 시작했다. 당황한 직원이 자신이 직접 육수를 들고 가서 전달한 뒤 복도를 닦겠다고 하니 "우리 집에 와서 나한테 해코지할 수도 있는데 어떻게 여길 오라고 하겠느냐"라며 난리를 쳤다는 것이다.

이런 컴플레인이 발생하면 장사하는 사람은 참 난감하다. 특히 직원들은 자신의 실수로 블로그나 리뷰에 악플이 달리지 않을까 걱정돼 이러지도 저러지도 못하고 발만 동동 구를 뿐이다.

_____ 블랙컨슈머는 고객이 아니다

하루는 매장에서 카운터를 보고 있는데 한 테이블에서 큰 소리가 나기 시작했다. 조개에서 펄이 터져 칼국수를 먹던 손님이 불편을 겪은 것이다. 조개는 아무리 손질해도 100퍼센트 해감이 불가능하다. 아르바이트생이 쩔쩔매고 있기에 서둘러 테이블로 달려갔다.

식사에 불편을 끼쳐 죄송하다고 사과한 뒤 칼국수를 다시 만들겠다고 양해를 구했다. 하지만 손님들은 "지금 음식을 새로 가져오는 게 문제냐, 내가 이미 먹은 건 어떻게 할 거냐"라고 버럭 소리를 지르며 화를 냈다. 이런 상황에서는 어떤 대처도 소용없다. 환불을 해준다고 하면 "내가 지금 그깟 환불이나 받자고 이러는 줄 아느냐"라고 짜증을 내고, 배탈이 걱정된다고 해서 병원에 가라고 하면 "오늘 망친 점심과 병원을 왔다 갔다 하느라 버리는 시간적, 정신적 보상은 어떻게 할 거냐"라고 되묻는다. 이런 손님들은 이미 마음이 엇나가기 시작했기 때문에 어떤 카드를 내놓아도 마음에 들어 하지 않는다.

안 그래도 붐비는 점심시간, 매장을 아수라장으로 만드는 그 사람들은 더 이상 내 손님이 아니다. 괜한 말싸움을 벌이며 감정싸움을 할 이유도 없기에 카운터로 걸어가며 블랙컨슈머들에게 말했다.

"네, 그럼 나가세요. 계산 안 할 테니 그냥 나가 주세요."

"당연히 계산 못 하지."

"네, 저도 손님들한테는 돈 받을 생각 없습니다. 근데 앞으로 저희 가게에 오지 말아 주세요."

얼굴빛이 붉어진 3명이 카운터로 쫓아와 계산대를 막아섰다.

"뭐 이딴 사장이 다 있어?"

"네, 이딴 사장도 있고요 이런 손님도 있네요."

"네가 사장이야?"

"네, 제가 사장이고요 그쪽은 고객이에요."

"고객한테 이래도 되는 거야?"

"이제 내 고객이 아니에요. 더 이상 오지 마세요. 가세요."

그러고는 그들 뒤에서 계산을 기다리는 다른 손님들께 죄송하다고 양해를 구한 뒤 홀 손님들에게도 일일이 돌아다니며 사과했다.

_____ 손님의 눈만큼 무서운
직원의 시선

합리적으로 클레임을 걸면 합리적으로 대응하는 게 가능하다. 하지만 이처럼 막무가내로 구는 블랙컨슈머가 무서워 계속 받아주면 직원들이 힘들어진다. 무조건 죄송하다고 고개를 숙이면 다른 손님들에게 우리가 잘못했다는 그릇된 메시지가 전달될 수도 있다. 손님이 잘못했는데 왜 최선을 다한 직원들이 그런 오해를 받아야 하는가. 내 식구에게 정서적 폭력을 가하는 블랙컨슈머는 더 이상 고객이 아니다. 직원 보호를 위해서라도 정중하고 단호하게 대처해야 한다.

거래처 가운데서도 습관적으로 컴플레인을 하는 사람들이 있다. 누가 들어도 문제가 될 상황이면 빠르게 인정하고 사과하지만 억지를 부리면 그보다 더 빠르게 차단한다. "우리는 고기를 납품하는 사람이지 사장님한테 훈계를 들으라고 있는 사람이 아니다. 우리 애들은 사장님의 가르침이 필요할 만큼 부족하지도 않다. 나도 장사하는 사람이라서 잘 안다. 이것저것 다 따질 것 같으면 본인이 돼지 잡고 고기 썰고 다 하라"고 말이다.

손님의 눈만큼 무서운 게 내 식구의 시선이다. 가장이라면 당연히 내 식구를 보호하고 보살필 의무가 있다.

이런 대응이 가능한 이유는 평소 손님들에게 최선을 다하기 때문이다. 비록 7,000원짜리 칼국수지만 서비스는 7만 원짜리 한정식집과 비교해도 뒤지지 않을 자신이 있다. 실제로 우리 매장의 한 관리자는 문제가 발생하면 곧바로 고객에게 실수를 인정하고 누가 시키지도 않았는데 개인 카드를 꺼내 든다.

"손님, 너무 죄송해서 오늘 식사는 제가 사비로 결제했습니다."

그리고는 "오늘은 정말 실수였으니 다음에 다시 한번 꼭 들러 달라. 고객님의 인식을 바꿔드리고 싶다"라고 말한다. 그는 그렇게 또 한 명의 내 손님을 만들어낸다. 관리자는 물론 아르바이트생까지 모두 최선을 다하고 있는데, 다른 손님들의 눈에 진상 손님의 생떼 부림이 보이지 않을 리 없다. 힘들게 쌓아 온 평판의 힘과 일반 손님이 가진 상식의 힘을 믿기에 블랙컨슈머와 당당하게 싸울 수 있는 것이다.

_____ **컴플레인 매뉴얼**

뿐만 아니다. 아침에 받은 조개 상태가 좋지 않거나 해감이 덜 됐으면 그날은 영업을 하지 않는다. 대신 가게를 찾아오는 손님들에게 우리 사정으로 끼친 불편함에 대해 다른 것으로 보상을 한다.

"오늘은 조개 상태가 좋지 않아서 칼국수를 못 팔아요. 대신 파전 드시고 가세요. 돈 안 받습니다."

안 그래도 배고픈 저녁, 시간을 내서 일부러 찾아왔는데 다른 것도 아닌 가게 사정으로 음식을 먹을 수 없다고 하면 손님의 입장에서는 얼마나 짜증이 나겠는가. 급한 대로 허기라도 달래고 갔으면 하는 바람에 파전이라도 제공하는 것이다. '괜찮다'라며 그냥 돌아가는 사람들에게는 파전 대신 1만 원짜리 물총(동죽조개) 쿠폰을 준다. 손님이 몰려서 재료가 일찍 소진된 날도 마찬가지다. 이렇게 되면 우리의 부재로 문제가 생겨도 대부분 상황을 이해해 준다. "굳이 뭐 이렇게까지 하느냐"라며 오히려 감동을 받고 가는 고객도 있다.

사람 심리가 그렇다. 평소 자주 시켜 먹던 음식도 배달이 늦어지면 만족도가 확연히 낮아진다. 별문제 없이 매장을 이용하던 사람들도 가게 사정으로 헛걸음을 하게 되면 매장은 물론 음식에 대한 호감도가 떨어질 수 있다. 식당은 특히 배가 고플 때 찾는 곳이기 때문에 고객들의 예민도가 높다. 이에 부정적 이미지를 심어 주는 것을 예방하고 호감도를 유지하기 위해 파전이나 쿠폰으로 우리의 마음을 전하는 것이다.

내가 없어도 똑같이 대응하도록 사장의 권한을 관리자들에게 주고, 관리자들은 자신이 자리를 비워도 똑같이 응대하도록 아르바이트생들에게 권한을 준다. 불편함을 겪고 있는 손님을 앞에 두고 의사결정권자가 없어서 우왕좌왕하는 모습은 상대를 더 화나게 만들기 때문이다. 이런 매뉴얼도 주지 않고 직원 혼자 끙끙대게 만드는 것은 리더로서 자격이 없는 것이다.

리스타트

매출을 올려 주려고
일부러 찾아오는 고객은 없다

한창 일에 재미가 붙었을 당시에는 식당 8개, 정육점 2개 등 총 10개의 업장을 동시에 운영했다. 이게 가능했던 이유는 사장의 역할을 대신하는 시스템과 매뉴얼이 있었기 때문이다. 그런데 유일하게 초기 시스템을 잡지 못하고 관리자에게 매장 운영을 맡겼던 게 조조칼국수 1호점이다. 이전까지는 매장을 오픈할 때마다 직접 실무를 보며 시스템을 잡았는데, 업무적으로 한계가 온 상황이라 조조칼국수까지 신경을 쓸 여력이 없었다.

정신을 차리고 보니 매장 이미지는 떨어질 대로 떨어져 이미 바닥을 친 후였다. 관리자는 제대로 준비도 안 된 상태에서 과도하게 SNS

홍보를 밀어붙였고, 그 결과 광고발에 속아 매장을 찾았던 고객들의 불만이 최고조에 이른 상태였던 것이다.

'SNS로 흥한 자 SNS로 망한다'라고 "가격 대비 내용물이 부실하다" "조개 펄을 먹으러 온 건지 칼국수를 먹으러 온 건지 모르겠다" "광고만 잘한다" 등 온라인에서는 우리 매장에 대한 부정적 피드백이 넘쳐흘렀다.

소문이 무서운 이유는 어지간해서는 판을 뒤집기가 어렵기 때문이다. 벌집 아이스크림의 식용 파라핀, 대왕 카스텔라의 식용유 사태를 보면 알 수 있지 않은가. 일단 부정적 여론이 형성되면 파라핀이 첨가된 아이스크림은 일부에 불과하다는 후속 보도가 사람들의 눈과 귀에 들어오지 않는다. 식용유는 빵 시트를 폭신하게 만들기 위해 사용하는 오래된 레시피 중 하나라는 소식이 소비자들의 귀에 들어왔을 때는 이미 전국의 대왕 카스텔라 가게가 폐업한 이후다. 이런 경우에는 기존의 카스텔라 가게를 살리는 것보다 새로운 카스텔라 가게를 창업하는 게 훨씬 수월하다.

'어떻게 하면 불리한 이 판을 뒤집을 수 있을까?' 한창 고민에 빠져 있던 12월의 어느 날, 오전 11시 40분쯤 매장에 도착했는데 가게 밖에서 추위에 떨며 오픈을 기다리는 손님들이 보였다.

"아니, 추운데 왜 안으로 들어가지 않고 밖에 서 계세요?"

"아까 들어가려고 했는데 12시가 오픈 시간이라고 그때 들어오라고 해서요."

"누가요?"

"저 안에 계신 직원이요."

매장 오픈 시간은 12시지만 직원들의 출근 시간은 11시다. 11시 40분에 도착한 손님을 받지 못하는 이유가 너무도 궁금했다. 서둘러 매장 안으로 들어가 관리자를 불렀다.

"왜 손님을 밖에 세워 뒀어요?"

"육수가 아직 완성되지 않았어요. 육수 끓이는 데 한 시간 걸려요."

"음식이 조금 늦게 나온다고 양해를 구하고 손님을 자리로 안내하면 되잖아요?"

"우리도 준비할 시간이 필요한데, 어떻게 손님을 받아요."

그 순간 인력부터 교체해야 함을 알았다. 상한 재료 하나가 전체 음식을 망치기 때문이다.

손님을 귀찮게 여기는 사람들이 만드는 음식에 정성이 들어갈 리 없다. 똑같은 파전이라도 빨리, 대충, 건성으로 하는 사람과 좀 더 바삭거리는 전을 만들기 위해 마지막까지 불 조절하며 최선을 다하는 사람이 구워낸 파전이 같을 리 없다. 그 맛과 향에서 미묘한 차이가 난다. 그리고 고객들은 이 사소하지만 절대적이고 결정적인 차이를 그 누구보다 빨리 알아차린다.

상황을 바로잡으려면 대대적인 체질 개선이 필요했다. 관리자를 내보내고 전 직원을 교체한 후 SNS 홍보를 즉각 중단했다.

깨끗한 물을 유지하는 것보다 흙탕물을 정화시키는 게 더 어렵다. 장사도 마찬가지다. 이미 떨어질 대로 떨어진 평판은 고객들에게 나쁜 선입견을 심어 주었고, 어지간한 노력으로는 회복될 기미가 보이지 않았다. 당시 분식집 운영을 병행하고 있었는데 분식집보다 매출이 안 나오는 칼국숫집을 보며 처음으로 자괴감이 들었다. '그래, 망하면 망하는 거지, 이거 망한다고 내가 죽나? 차라리 망할 거면 후회나 아쉬움이 남지 않게 해 보고 싶은 거 다 해 보고 망하자.' 이렇게 생각하니 마음이 한결 가벼워졌다. 나를 내리누르고 있던 두려움의 실체와도 똑바로 마주할 수 있었다. 아직 끝이 아닌데, 아직 최선을 다한 게 아닌데, 아직 고객에게 줄 수 있는 게 남아 있는데 겁먹을 이유가 없었다.

그리고 직원 교체는 끝났지만 가장 중요한 일이 남아 있었다. 음식을 업그레이드하는 것이다.

_____ **무조건 맛있게, 무조건 푸짐하게**

기존에는 조개 해감을 제대로 하지 못해 이와 관련된 클레임이 끊임없이 발생했다. 그래서 산지에서 1차로 해감한 조개를 당일 공수해 가게에서 두 차례 더 해감하는 과정을 거쳤다. 신선한 조개를 공급받기 위해 전라도 어촌계들과 계약을 맺었는데, 초반에는 조개 주문량이 많지 않아서 원재료비보다 전라도와 대구를 왕복하는 차량의 기름값이 더 나오는 날이 허다했다.

파전 토핑도 문제였다. 기존 토핑이 워낙 부실했던 터라 직원들에게 파전을 부칠 때는 원가 걱정하지 말고 말 그대로 재료를 쏟아부으라고 했다. 음식이라는 게 그렇다. 똑같은 재료를 써도 만드는 사람에 따라 그 모양새가 천지 차이다. 경력자들은 해산물을 100그램만 넣어도 150그램을 넣은 효과를 내는데, 초보자들은 200그램을 넣어야 150그램을 넣은 효과가 나온다.

오늘 매장을 방문한 손님의 테이블에 경력자가 만든 파전이 올라갔다고 하자. 푸짐한 토핑에 만족한 손님이 그다음 날 다른 사람을 데리고 매장을 재방문했다. 그런데 오늘은 경력자가 아닌 초보자가 만든 파전이 테이블에 올라갔다. 분명 해물의 양은 같은데 손님의 눈에는 어제와 달리 파전 토핑이 빈약해 보인다. 자신 있게 다른 사람까지 데려왔던 고객의 실망은 더욱 클 수 밖에 없다. 단순히 토핑을 펴는 기술이 부족해서 손님 한 명을 잃을 수도 있는 것이다. 그래서 나는 직원들에게 재료비나 그램 수에 집착하지 말고 무조건 맛있고 푸짐하게 만드는 데 집중하라고 요구한다.

"재료를 아끼지 마. 엄마가 먹는다고 생각하고 무조건 많이 넣어."

이 모든 것이 가능한 이유는 앞서 이야기했듯 버틸 여력이 있기 때문이다.

테이블 13개, 월세 80만 원, 조조칼국수 1호점에서 의미 있는 매출이 나오기 시작한 건 오픈 6개월 후부터다. 목이 좋은 자리가 아니어서 월세가 저렴했고, 월세가 저렴한 덕분에 고객에게 질 좋은 음식을 대접할 수 있었다. 가성비가 좋다는 소문이 나기 시작하면 위치적 불편함은 큰 장애가 되지 않는다.

우리에게 매출을 올려 주려고 일부러 찾아오는 고객은 없다. 고객은 철저히 자신에게 단 하나라도 이득이 되는 무언가가 있어야만 다시 찾아온다.

오픈발은 개끗발이다

1호점이 어느 정도 자리를 잡은 뒤 2호점 오픈 준비에 들어갔다. 하지만 2호점 매장을 계약한 뒤 3개월 이상을 공실로 두고 월세만 지불해야 했다. 매장을 확장하는 게 처음이어서 내가 아직 준비가 덜 됐다는 사실을 인지하지 못했던 것이다.

'똑같은 칼국숫집 하나 더 내는 게 뭐가 그리 어렵다고'라고 생각할 수 있겠지만 현실은 그렇지 않다. 시스템이 잡혀 있지 않은 상태라면 더욱 그렇다. 주방 크기부터 화구 개수, 테이블 수, 포스 위치, 동선 등이 모두 다르기 때문에 아예 새로운 매장을 내는 것과 똑같이 신경 쓸 게 많다. 사실 단순한 세팅 문제라면 그리 어려울 게 없다.

하지만 관리 범위를 생각하면 또 이야기가 달라진다. 내가 관리할 수 있는 범위를 벗어나면 진정성이 훼손될 수 있으므로 감당 가능한 선을 잘 찾아야 하는 것이다. 3~4개월에 거쳐 나름 시스템을 정리한 후 12월 28일 2호점을 오픈했다.

장사를 시작하고 나서 이렇게 어마어마한 수의 손님을 받아 본 건 그때가 처음이다. 오픈 첫날, 방문한 손님은 10명. 보통 오픈발이라는 게 있기 마련인데 위치가 워낙 안 좋은 곳에 있다 보니 오픈발도 기대할 수 없었다. '연말+따뜻한 국물'라는 공식을 생각하면 장사가 잘 돼야 할 것 같지만 오히려 겨울에 매출이 떨어지는 게 칼국수다. 찬바람이 불고 길이 얼어붙기 시작하면 사람들의 활동성이 확연히 줄어든다. 웬만하면 집 안과 차 안에서 모든 것을 해결하려고 들기 때문에 장사가 안된다.

연말 비수기인 것을 감안하고 오픈했지만 배달이 되는 매장도 아니다 보니 사태는 더욱 심각했다. 평일 저녁 평균 매출 30만 원, 주말은 완전 초토화였다. 당시 2호점 직원은 7명, 손님보다 직원이 더 많은 날도 있었다. 매출은 바닥인데 인건비만 2,000만 원씩 지출되는 상황이 이어졌다.

어차피 일 년 농사를 각오하고 들어간 자리였다. 다른 농부보다 위치가 안 좋은 밭의 주인이 됐으면 그만큼 농작물의 성장이 더딜 수밖에 없음을 인정하고 기다려야 한다. 1호점의 성장 공식을 그대로 따르면서 6개월을 버티자 어느 정도 자리를 잡아가기 시작했다.

─────── **오픈발, 망할 오픈발**

　　이어서 죽전 네거리에 3호점을 오픈했다. 죽전 네거리는 대구에 몇 없는 중심 상업지역으로 장사하는 사람이라면 누구나 탐낼 만한 자리다. 하지만 개인적으로는 이런 입지를 별로 좋아하지 않는다. 고객에게 돌려줄 게 그만큼 줄어들기 때문이다. 월세와 권리금이 주변과 비교했을 때 훨씬 저렴하게 나와서 계약했지 평소 같았으면 쳐다보지도 않았을 자리다.

　　오픈 첫날, 말 그대로 잭팟이 터졌다. 사람 수에 압도당한다는 게 어떤 느낌인지 온몸으로 경험한 하루였다. 아마도 이것은 일 년 동안 쌓아 온 나름의 브랜드파워와 지리적 유리함이 만들어낸 합작품일 것이다.

　　그런데 장사하는 사람의 입장에서 감당할 수 없는 손님은 오히려 마이너스다. 아무리 노력해도 고객에게 최악의 모습을 보여줄 수밖에 없기 때문이다. 3호점을 오픈할 당시 최소 6개월에서 일 년 동안 손발을 맞춰 온 스태프들로 팀을 꾸려 매장을 채웠다. 그럼에도 끊임없이 밀려드는 손님을 감당하기 어려웠다. 주문 지연은 기본이고 주문 순서가 꼬이는 건 옵션이었다. 손발이 맞지 않아 스태프들의 동선

이 엉키고 그저 밀려드는 주문을 쳐내기 바빠서 가장 중요한 고객에게 신경을 쓰는 사람이 아무도 없었다.

이런 상황에서 정량, 정성, 정도는 사치다. 일 년 동안 수만 그릇의 칼국수를 끓여낸 사람들임에도 고장 난 시계처럼 조리 속도가 느려졌다가 어느 순간 또 빨라졌다. 전 직원이 혼이 빠지도록 뛰었지만 "국물이 짜다" "국물이 싱겁다" "면이 불었다" "면이 덜 익었다" "파전이 눅눅하다" "파전 토핑이 빈약하다"라는 손님들의 컴플레인이 이어졌다. 다시 와야 할 이유가 없는 가게가 된 것이다.

그렇다고 오는 손님을 막을 수도 없고, 그 많은 인원을 감당할 시스템은 안 되고, 말 그대로 진퇴양난이었다. '진짜 큰일 났구나!'라는 생각이 들었다. 이미 되돌아선 고객의 마음을 돌리는 게 얼마나 어려운 일인지 1호점을 통해 경험했기에 손님이 밀려들수록 불안감은 더욱 커졌다.

초심자의 저주

역시나 "장사 좀 된다고 하더니 맛이 변했다" "초심을 잃었다"라는 말이 나오기 시작했다. 오픈과 동시에 가게의 평판이 바닥으로 떨어진 것이다. 오픈발의 저주로 3호점 역시 1호점과 같이 마이너스로 출발선에 다시 서야 했다.

오픈하자마자 1억 원이 넘던 매출이 3개월 만에 1억 2,000만 원을 찍더니 오픈발이 끝난 6개월 무렵 9,000만 원까지 떨어졌다. 그리고 이를 다시 회복하는 데 꽤 오랜 시간이 걸렸다.

장사에서 오픈발은 가장 중요한 순간이자 가장 위험한 기회다. 그래서 초보 장사꾼에게 오픈발은 '초심자의 저주'가 될 확률이 높다. 허수가 많은 객수는 결코 긍정적 시그널이 아니다. 객수가 적어도 진수가 많아야 한다.

초심자들이 흔히 져지르는
4가지 실수

열심히 달린다고 모두 골인 지점에 도달하는 건 아니다. 최소한 골인 지점이 어딘지는 알고 달려야 느려도, 늦어도 그곳에 도착할 수 있다. 하지만 많은 사람이 목적지를 모르고 달린다. 주변 사람들이 뛰기 시작하니 영문도 모른 채 일단 달리고 보는 것이다. 장사에 실패하는 초보 장사꾼, 초심자들이 딱 이런 모양새다.

일단 창업을 하긴 했는데 생각대로 되지 않고 원금은 회수해야 한다는 조바심에 마음이 급해진다. 그렇다 보니 생각의 초점이 '고객에게 무엇을 줄 수 있을까'가 아니라 '고객으로부터 내 투자금을 언제쯤 뽑아낼 수 있을까'에 맞춰진다. 투자금을 회수하기 위해 이 사람의 성공기, 저 사람의 대박기를 마구잡이로 적용해 봐도 도통 손님이 늘지 않으니 미치고 팔짝 뛸 노릇이다.

"저 사람은 되는데 나는 안 되는 이유가 무엇일까?" "똑같은 아이템을 파는데 왜 우리 가게만 손님이 없는 걸까?"

_____ 첫 번째 실수, 구색 갖추기

이제 막 장사를 시작한 초심자들이 가장 많이 하는 실수 중 하나가 바로 '복잡한 메뉴판'이다. 매장은 10평 남짓인데 벽에 걸린 메뉴판은 휴게소를 방불케 하는 곳도 있다. 물론 처음부터 만물상 같지는 않았을 것이다. 매출이 신통치 않다 보니 이것저것 추가해 현재 상황에 이르렀을 거라고 생각한다.

그런데 구색보다는 품질이다. 특히 오픈 초기일수록 단일 메뉴에 집중해서 최상의 퀄리티를 선보이는 게 중요하다. 이때의 퀄리티가 장사의 승패를 가늠하는 바로미터가 될 수도 있다.

한 가지 예로 휴먼스토리 유튜브 채널을 통해 솔루션을 진행한 한 갈빗집의 경우 삼겹살, 국내산 갈비, 돼지갈비 3가지로 메뉴를 구성해 놓았다. 하루 매출이 40~50만 원 수준이었는데, 그렇다면 이 가게에서 하루 소화할 수 있는 고기 물량은 10킬로그램 내외라는 계산이 나온다. 그런데 메뉴를 3가지로 해버리면 한 메뉴당 3킬로그램의 고기밖에 받지 못한다. 아니면 각 메뉴당 10킬로그램씩 총 30킬로그램을 받아 3~4일 동안 소진해야 한다. 이런 구조면 악성 재고가 쌓일 수밖에 없다.

손님에게 가장 신선하고 맛있는 고기를 대접하고 싶어도 계속 버려지는 고기를 보면 자신도 모르게 후입선출(나중에 들어온 상품을 가장 먼저 출고하는 방식)을 선택하게 된다. 악순환의 시작이다. 이런 매장은 재료의 선순환을 위해 메뉴를 압축하는 게 급선무다. 차라리 돼지갈비로 메뉴를 단일화하면 하루 소진이 가능하고 가장 신선하고 맛있는 시점의 고기를 고객들에게 선보일 수 있다.

가게가 작고 운영 인력이 부족할수록 자신 있는 한 가지 메뉴로 승부를 봐야 한다. 어느 정도 안정화가 되면 고객들의 반응을 보면서 차근차근 구색을 갖춰도 늦지 않다.

고기 이야기가 나와서 하는 말인데 국내산 돈갈비와 수입산 삼겹갈비의 가격은 비슷하다. 그런데 사람들은 보통 수입산 삼겹갈비보다 국내산 돈갈비가 더 맛있다고 생각한다. 하지만 소비자들에게 블라인드 테스트를 하면 수입산 삼겹갈비의 손을 들어주는 경우가 더 많다. 한우 국거리를 갈비로 구워 먹는 것보다 수입산 안심을 구워 먹는 게 월등히 맛있지 않은가. 돈갈비와 삼겹갈비의 차이가 딱 그렇다. 하지만 국내산 먹거리에 대한 맹목적 믿음이 소비자들에게 더 많은 돈을 내고 더 맛없는 고기를 먹게 만들고 있다. 이와 관련해 전설처럼 내려오는 에피소드가 하나 있다.

한 정육점 사장이 마진율을 높이기 위해 수입산 냉장 삼겹살을 국내산으로 속여 식당에 납품했다. 그런데 돼지값이 폭락하면서 국내산 냉장 삼겹살의 가격이 30퍼센트 이상 낮아졌다. 이에 정육점 사장이 양심에 찔렸는지, 납품하던 고기를 수입산에서 국내산으로 교체했다. 그런데 얼마 후 식당 주인에게 전화가 걸려 왔다. 고기가 바뀌었다는 사실을 알 리 없는 식당 주인이 "어디서 이런 니 맛도 내 맛도 아닌 하급 고기를 납품하느냐"라고 노발대발하더라는 것이다. 결국 정육점 사장은 식당 주인의 성화에 못 이겨 원래대로 수입산 냉장육을 납품할 수밖에 없었다고 한다.

이런 상황이라면 국내산 돼지고기가 최고라는 소비자들의 인식 전환을 마케팅 포인트로 삼고 수입산 고기를 상품화시키는 것도 좋은 전략이다. '더 맛있는 고기를 더 싸게 먹을 수 있다'라는 명확한 메시지로 고객의 입맛을 바꾸는 것이다.

────── **두 번째 실수, 밥 짓기**

초심자들이 많이 하는 두 번째 실수는 '밥 짓기'다. 손님이 있든 없든 일단 출근하면 습관처럼 쌀을 잔뜩 씻어 밥을 하는 사람들이 있다. 이들은 아침에 지은 밥을 보온고에 쌓아 놓고 저녁 손님에게 그대로 내놓는다. 이런 상황에서는 아무리 메인 요리가 훌륭해도 마이너스 요인이 될 수밖에 없다. 햇반보다 못한 밥을 먹으며 유쾌할 손님이 어디 있겠는가. 고객은 불쾌한 감정을 사러 오는 게 아니다.

사실 장사가 안되면 보온고조차 필요 없다. 아침, 점심, 저녁 밥을 나눠 하면 된다. 압력솥이 20인용이라고 꼭 20인분의 밥을 할 이유가 무엇인가? 삼시 세끼 밥하는 게 귀찮으면 식당을 하면 안 된다. 이 정도의 수고도 없이 어떻게 장사를 이끌어 가려고 하는가. 고객을 위해 기꺼이 번거롭고 수고스러운 과정을 감수하는 것, 이게 바로 장사의 본질이다.

_____ **세 번째 실수, 밑반찬**

초심자들이 많이 하는 세 번째 실수는 밑반찬이다. 의외로 밑반찬을 만드느라 힘을 빼는 초심자가 많다. 미안하지만 손이 많이 가는 반찬, 만드는 데 오랜 시간을 필요로 하는 반찬은 과감하게 빼는 게 좋다. 밑반찬에 쏟는 정성을 메인 음식에 쏟아부어야 한다. 만약 손님의 입에서 "이 가격에 이런 맛이!"라는 말이 아니라 "음, 반찬은 많네"라는 말이 나오면 주객이 전도된 것이다. 작은 규모의 식당들은 가짓수가 많은 반찬이 감당되지만 테이블이 30개만 넘어가도 반찬 가짓수가 발목을 잡는다.

_____ 네 번째 실수, 음식의 간

초심자가 가장 많이 하는 마지막 실수는 '간의 기준'이 없다는 것이다. 고객 만족을 어설프게 해석하는 초심자들은 어르신의 싱겁다라는 한마디에 소금을 더 넣고, 달다는 말에 설탕을 덜 넣는다. 면이 불었다고 하면 조리 시간을 단축하고, 김치가 덜 익었다고 하면 더 오랜 시간 숙성시킨다. 고객의 요구에 즉각적으로 대응하는 것을 고객 만족이라고 생각하는 것이다.

최고급 식당에서는 고객의 입맛을 일일이 맞춰 주는 커스터마이징(customizing, 고객의 요구에 따라 제품을 만들어 주는 맞춤 제작 서비스)이 가능할지 몰라도 대중 식당은 다르다. '대중'이라는 단어는 말 그대로 수많은 사람을 대상으로 한다. 그래서 맛의 기준점이 중요하다. 주인이 입맛의 기준을 잡고 과감하게 결단을 내려야 한다.

사실 내 음식을 먹고 부정적인 평가를 내린 사람은 단골이 될 확률이 낮다. 소위 말하는 뜨내기손님의 입맛을 잡기 위해 레시피를 변경하는 행위는 단골손님에게 실망을 주는 지름길이다. 철저하게 내 가게의 음식을 있는 그대로 인정해주는 고객에게 집중해야 한다. 판단과 생각에 흔들리는 항해사가 되지 마라. 항해사의 판단과 생각이 일치하지 않으면 그 배는 좌우로 흔들리는 것도 모자라 결국 침몰하고 말 것이다.

평일, 주 5일의 힘

스무 살 무렵, 당시 유행하던 메신저 채팅을 통해 우연히 중학교 동창과 연락이 닿았다. 그런데 대구에 있어야 할 녀석이 인천 한 나이트클럽에서 웨이터를 하고 있다고 했다. 어린 시절부터 행동력과 실행력이 끝내주는 친구였기에 순간 '이거 재미있겠다!' 싶었다. 마침 녀석은 자신이 나이트클럽 근처 원룸에서 자취를 하고 있으니 인천으로 올라오면 숙식을 해결해주겠다고 했다. 새벽 4시, 친구와 채팅을 끝내고 난 후 인천상륙작전(?)을 위해 간단한 짐을 꾸렸다. 그리고 아침 식사를 준비하는 어머니에게 인사를 고했다.

"엄마, 나 인천 나이트에 웨이터 하러 간다."

"뭐? 야야, 술장사 그거 쉽지 않다."

어머니는 마지막까지 못마땅해하셨지만 "니가 남한테 피해 주는 건 절대로 하면 안 된다. 하지만 니 자신에게 피해 가는 일이라도 한 번 해 보겠다고 하면 어쩔 수 없지"라는 말과 함께 허락해주셨다. 어머니의 걱정을 뒤로하고 곧바로 기차에 몸을 실었다.

웨이터는 보통 일반 웨이터와 보조 웨이터로 나뉜다. 일반 웨이터는 프리랜서, 즉 개인사업자 개념으로 자신이 올린 매출의 일정 부분을 수익으로 가져가는 구조다. 손님이 많은 웨이터는 헉 소리 나게 돈을 벌지만 그렇지 않은 웨이터는 기본 생활비조차 가져가기 어렵다. 반면 보조 웨이터는 일명 '룸장'이 수익을 1/n로 나눠주는 구조여서 기본급이 있다. 일반 웨이터보다 수익이 적은 대신 안정적인 게 장점이다. 내 성격에 맞게 일반 웨이터를 선택한 후 선배들로부터 '쌍코피'라는 닉네임이 적힌 명찰과 명함을 받았다.

"멋있는 이름도 많은데 왜 하필 쌍코핍니까?"

"기존에 있던 쌍코피가 그만둔 지 얼마 안 됐다. 분명 그놈 찾는 손님이 있을 거다. 그리고 그놈이 만날 빨간 립스틱으로 인중에 코피를 그리고 '밤에 흘리는 남자의 자존심! 쌍코핍니다'라고 외치며 PR을 다녔다. 파이팅이 있는 게 너랑 좀 비슷하다."

_____ **주 5일의 힘**

　　웨이터 생활이라는 게 그렇다. 여느 직장인들이 슬슬 퇴근을 떠올리는 오후 5시, 웨이터들은 출근을 한다. 각종 이슈와 매출 목표를 점검하는 짧은 회의를 마치면 오후 6시, 이후 본격적인 영업이 시작되는 저녁 9시까지 각자 자유롭게 시간을 보낸다. 그런데 첫 출근 후 며칠 상황을 지켜보니 의아한 생각이 들었다. 오후 6시부터 9시까지 주어지는 자유 시간에 대부분의 웨이터가 일을 하지 않고 PC방이나 만화방으로 향했던 것이다. 사우나와 미용실에서 시간을 때운 뒤 영업 시간에 맞춰 업소로 돌아오는 사람도 많았다.

　　선배 웨이터들은 평일에는 손님이 많지 않기 때문에 굳이 힘들여 영업을 하지 않는다고 했다. 오지 않을 손님에게 공을 들일 에너지를 아껴 금요일과 토요일 주말 매출을 극대화하는 전략이었다. 그런데 생각해 보라. 평일은 5일이고 주말은 이틀이다. 이틀의 힘이 강하겠는가, 5일의 힘이 강하겠는가? 모두 평일 PR은 헛수고라고 만류했지만 나는 축적의 힘과 꾸준함의 힘이 지닌 폭발력을 믿었다.

　　무엇이든 꾸준히만 하면 저절로 다른 사람과 차별화가 생긴다. 예를 들어 365일 영어 단어 하나를 외우는 꾸준함을 가지면, 일 년 후 다른 사람보다 365개의 단어를 더 아는 사람이 된다. 365일 새벽 도매 시장에 나가 재료를 직접 떼 오면, 일 년 후 도매상인 뺨치는 보는 눈이 생긴다. 좀 더 영민한 사람은 도매 시장의 흐름까지 한눈에 파악할 수 있다. 이처럼 스스로 체득한 경험은 독특한 자신만의 노하우가 된다. 중요한 순간 큰 격차를 벌이는 결정적 무기가 될 수도 있다. 결국 꾸준함이 실력이고 가장 큰 경쟁력이다.

대구에서 연고도 없는 인천에 올라와 쟁반도 한 손으로 들지 못해 두 손으로 나르던 신참 웨이터가 기존 60명의 웨이터를 제치고 매출 10위를 찍을 수 있었던 힘도 바로 이 꾸준함에 있었다.

─────── 팔러 온 사람 vs. 주러 온 사람

인천 롯데백화점과 버스터미널이 있는 구월동 광장 안에는 커다란 먹자골목이 있다. 매일 밤 나는 선배가 하던 대로 인중에 코피를 두 줄 그려 넣고 사탕과 명함이 들어있는 홍보용 봉투를 챙겨 거리로 나섰다. 술집 문을 열고 들어가서 사장님이나 일하는 사람에게 인사한 후 "사탕 한 개만 주고 가겠습니다"라고 양해를 구했다.

껌이나 복조리를 '팔러' 갔으면 문전박대를 당했겠지만 사탕을 '주러' 왔기에 관계자들도 흔쾌히 오케이를 했다. '팔러 온 사람'이 아니라 '주러 온 사람', 종이 한 장 정도의 그 미묘한 뉘앙스 차이가 사람의 마음을 전혀 다른 방향으로 움직인다.

술집 문을 열고 들어가면 일단 테이블에 앉은 손님들을 빠르게 스캔한다. 테이블에 앉아 있는 구성원만 봐도 손님이 될 수 있는 테이블과 그렇지 않은 테이블이 대충 구분된다. 웨이터의 입장에서는 남성만 3~4명 앉아 있는 테이블을 공략하는 게 가장 쉽다. 술도 한잔 먹었겠다, 자신들의 기분을 맞춰 주는 웨이터도 한 명 있겠다, 흥이 오른 누군가 갑자기 나이트를 가자고 분위기를 주도하기 때문이다. 이때 술자리를 정리하려는 남성들을 만류하는 건 그들의 손에 홍보 사탕을 쥐어 준 나 자신이다. 평일 나이트는 손님이 없어서 썰렁하다. 부킹은커녕 기분 좋은 술자리를 뒤로하고 괜히 왔다는 실망감을 안겨 주기 딱 좋다. 아무리 뜨내기손님을 상대하는 장사라도 손해 보는 느낌을 주면 안 된다.

"형님들! 오늘은 안 됩니다. 손님이 없습니다. 주말에 한번 찾아주십시오. 화끈하게 모시겠습니다."

흔히 말하는 죽돌이, 죽순이가 아닌 이상 단골 나이트가 있는 사람이 몇이나 되겠는가. 대부분은 일 년에 몇 번 이벤트로 찾는 게 전부다. 따라서 사람들이 가장 경계하는 게 일명 눈탱이, 즉 바가지를 쓰는 일이다.

"이 동생, 진짜 인간적이네! 고생이 많다."

"예, 다음에 꼭 찾아주십시오."

그런데 이렇게 헤어진 손님들 가운데 상당수가 거짓말처럼 주말에 연락을 줬다. 내가 그들에게 한 일이라고는 '평일에 손님이 없다'라는 사실을 전달한 것뿐이다. 그 짧은 메시지를 통해서도 나름 신뢰와 믿음이 오가는 것이다.

손님은 어디에나 있다

처음 웨이터 생활을 시작했을 당시 평일 PR을 나가는 나를 보며 선배들은 "쓸데없는 짓 하지 말고 쉬라"고 말했다. 평일에는 손님이 없으니 괜히 힘 빼지 말고 주말에 열심히 하면 된다고 했다. 하지만 나는 평일 손님이 없다는 그들의 말을 믿지 않았다. 손님은 어디에나 있다. 내 손님이 아니라고 생각해 그냥 흘려보내기 때문에 그릇에 담지 못하는 것이다. 사람을 담는 그릇을 키우기 위해서는 무엇보다 사람에 대한 관심이 높아야 한다.

내 눈에 보이는 손님이 다른 사람에게 보이지 않는 이유는 자신이 공략해야 할 상대, 즉 핵심 타깃을 파악하지 못했기 때문이다. 내가 평일 PR에서 공략한 타깃은 '회식 테이블'이었다. 회식 테이블 공략이 쉬운 이유는 회사 사장님들께는 죄송하지만 '법인 카드' 때문이다. 회식 테이블은 내 돈을 쓰지 않고 기분 내기 딱 좋은 최상의 조건을 가지고 있다. 테이블에 앉아 있는 인력 구성도 그렇다.

회식 자리가 즐거운 사람은 안타깝게도 50대 부장님 한 명이다. 함께 앉아 있는 20~30대 직원들의 얼굴을 보라. 부장님의 재미없는 농담에 아낌없이 치아 8개를 드러내며 활짝 웃어 주느라 입술에 경련이 일어날 지경이다. 슬슬 자리를 파하기 위해 가방을 챙기면서 분위기를 잡는데 눈치 없는 과장은 "2차!"를 외치고, 더 눈치 없는 부장은 "오늘은 집에 들어갈 생각하지 마!"라며 엄포를 놓는다. 요즘 같으면 상상도 못 할 일이지만 당시에는 대부분의 회식 자리가 그랬다. 어린 직원들이 상사들 앞에서 이러지도 저러지도 못한 채 눈치만 보는 사이 인중에 쌍코피를 그린 웨이터가 구원투수처럼 등장한다.

_____ 축적 없는 발산은 없다

20~30대 직원들 입장에서는 불편한 얼굴을 계속 마주하고 상사들의 비위를 맞춰야 하는 술자리보다 상사들의 시선을 피할 곳이 많은 나이트가 낫다. 자기들끼리 모여 스테이지에서 신나게 춤도 추고 큰 소리로 노래도 부를 수 있으니 마다할 이유가 없다. 2차를 가

기 위해 술집에서 나이트로 이동하는 사이 집에 갈 사람은 자연스럽게 빠질 수도 있다. 직원들 입장에서는 단점보다 장점이 많은 2차인 셈이다. 이제 남은 것은 최종 의사결정권자의 선택이다.

"부장님, 노래방같이 작은 무대는 부장님에게 너무 과소합니다. 좀 더 큰 무대로 가셔야 하지 않겠습니까?"

슬슬 분위기를 돋우며 젊은 직원들에게는 서비스를 잘해 주겠다고 독려한다. 그러면 얼마 지나지 않아 젊은 직원들이 나서서 부장님을 설득, 결국 2차로 나이트가 결정된다. 부장님은 젊은 친구들의 요구를 받아들여 준 '꼰대 같지 않은 상사'가 되고, 젊은 직원들은 지겨운 회식 자리를 피해 자기들끼리 즐길 수 있게 되었으니 모두에게 행복한 결말이다.

선배들이 주말 하루 25개의 테이블(한 테이블당 평균 매출 20만 원)로 500만 원의 매출을 낼 때, 나는 주말 하루 12개의 테이블로 200만 원의 매출밖에 내지 못했다. 그럼에도 매출 10위를 찍을 수 있었던 이유는 평일, 즉 기본에 충실했기 때문이다. 남들 쉴 때 일하고, 남들 일할 때도 일한 결과다. 남들과 똑같이 쉬고 남들과 똑같이 일하면서 다른 성과를 바라는 건 도둑놈 심보다. 결국 '10위'라는 숫자는 주 5일을 성실함으로 채워 온 시간들에 대한 보상인 셈이다. 너무 당연해서 모두가 외면하는 그것 또는 "이 정도쯤이야"라고 무시하는 기본을 축적하면 비로소 변화가 시작된다. 축적 없는 발산은 없다.

_____ 장사는 수행과 같다

　　장사 또한 마찬가지다. 꾸준함을 요구하는 장사는 어찌 보면 수행과 같다. 스님들이 매일 새벽 3시 반에 일어나 예불을 드리듯 사장은 손님이 오든 안 오든, 비가 오든 바람이 불든, 몸살이 났든 감기에 걸렸든 항상 약속 시간에 문을 열고 꾸준하게 음식을 만들어야 한다. 요즘 인스타 감성의 가게를 하는 사람들이 들으면 "호랑이 담배 필 적 이야기다"라고 하겠지만 사실이 그렇다. 고리타분하고 요즘 트렌드를 읽지 못하는 꼰대처럼 느껴져도 어쩔 수 없다.

　　트렌드와 고객의 마음은 영원하지 않다. 힙한 감성도 수시로 바뀐다. 어쩔 수 없이 인간은 나이가 들면 자신의 의지와 별개로 트렌드에서 한발 물러서야 한다. 하지만 꾸준함과 성실함은 영원히 그 가치를 인정받는다.

　　돈과 시간과 체력은 쓸수록 고갈되지만 꾸준함과 성실함은 쓸수록 축적된다. 그러니 이를 아끼지 마라.

상권에도 니즈가 있다

진정한 성공에는 3C가 필요하다고 한다. 첫 번째는 만족감(contentment)이다. 진짜 성공한 사람은 크든 작든, 남들이 인정하든 안 하든 스스로 이룬 성과에 만족하고 감사할 줄 안다. 두 번째는 평온함(calmness)이다. 아무리 큰 성공을 거뒀다고 해도 전쟁터처럼 마음과 주변이 시끄럽다면 절대 행복할 수 없다. 마지막으로, 연결(connection)이다. 가족과 친구, 동료 등 나를 둘러싼 사람과 관계를 맺지 못한 채 혼자 고립되면 그 성공이 무슨 의미가 있겠는가.

패밀리레스토랑을 할 당시 '14억 원을 때려 박은' 대가는 컸다. 주변에서는 모두 성공했다며 부러움의 시선으로 바라봤지만 늘 불안해하면서 지냈고, 평온은커녕 안팎으로 시끄러운 일이 끊이지 않았다. 반쪽짜리 성공이었던 셈이다.

돈에 쫓기지 않고 고객에게 집중할 수 있는 장사에 대한 욕구가 올라왔다. 그래서 시작한 게 분식집과 돼지찌개 집이다.

대구 달서구 상인동은 백화점을 중심으로 주변에는 은행과 학원 이 쭉 늘어서 있고, 그 뒤로는 커다란 아파트촌이 있는 곳이다. 그런 데 상권에 비해 상가 건물 자체가 너무 작게 형성돼 있다. 구조적으 로 문제가 있는 셈이다.

오피스 상권이 다 그렇듯 점심시간이면 근처 직장인들이 점심을 먹으러 거리로 쏟아져 나온다. 수요(손님) 대비 공급(상가)이 턱없이 부족해 점심시간마다 전쟁터가 따로 없다. 다른 사람들이 문밖에 줄 을 서서 기다리는 모습을 보면 밥이 코로 들어가는지 입으로 들어가 는지 모를 지경이다. 주인이 따로 눈치를 주지는 않지만 암묵적으로 빨리 먹고 빨리 일어나는 분위기다.

허겁지겁 밥을 먹고 일어서는 직장인들을 보면서 '사람들이 편안 하게 식사할 수 있는 공간을 만들고 싶다'라는 생각이 들었다. 15분 만에 식사를 끝내고 남은 점심 시간을 때우기 위해 거리를 헤매는 직 장인이 많았기 때문이다.

'시간과 사람에 쫓기지 않는 여유로운 공간이 있는 음식점'이 바로 상인동 상권의 숨어 있는 니즈였던 셈이다. '직장인들이 일주일에 두세 번 먹을 수 있는 음식은 뭐가 있을까' 고민한 끝에 돼지찌개로 메뉴를 결정하고 계약할 가게를 알아봤다.

상인동 상가는 대부분 10~15평 내외로 장소가 협소한 편이다. 그럼에도 평균 권리금 1억 2,000만 원, 보증금 8,000만 원, 월세 240~270만 원 수준이다. 수요 대비 공급이 적으니 월세가 비쌀 수밖에 없다. 앞서 말했듯 상인동 상권의 가장 큰 단점은 작은 공간이다. 핵심 경쟁 요소인 공간의 차별성을 두기 위해서는 최소 60평 이상의 매장이 필요했다. 그곳에서 60평 매장을 만드는 가장 쉬운 방법은 15평짜리 매장 4곳을 통으로 트는 것이다. 하지만 가게 4곳을 계약하려면 권리금 7억 원에 월세 1,000만 원은 줘야 한다. 점심 장사만으로는 수지타산이 나오지 않는 것이다.

좀 더 저렴한 자리를 알아보기 위해 2층 상가로 시선을 돌렸다. 사실 지방 사람들은 2층에 식당을 내면 가게가 망한다는 생각이 강하다. 그런데 신기하게도 상인동은 2~3층에도 적지 않은 식당이 들어서 있다. 그만큼 공간이 부족하다는 뜻이다. 따라서 2~3층 매장의 시세도 생각만큼 저렴하지 않았다.

그렇다면 남은 곳은 하나, 지하뿐이다. 마침 은행 건물 지하에 백화점에서 물류창고로 사용하는 60평짜리 공간이 있었다. 2층에다 음식점을 낸다고 해도 뜯어말릴 판인데 지하에 식당을 내겠다고 하자 "미친 거 아니냐"라는 소리까지 들려왔다. 오죽하면 건물 주인조차 "무슨 지하에 식당을 한다고 그라노? 안 된다, 망한다, 하지 마라. 우리야 세를 놓으면 좋지만 젊은 양반이 어쩔라고 그라노?"라며 계약을 만류할 정도였다.

'지하라도 된다' '지하라서 안 된다', 이 생각의 차이는 어디서부터 비롯된 것일까? 결국은 관점의 차이다. 그들은 상권과 입지를 본 것이고, 나는 고객의 니즈를 본 것이다. 개인적으로 상권 분석을 따로 배워 본 적이 없다. 그래서 다른 사람들이 어떤 식으로 분석을 하는지 잘 모른다. 다만 나는 상인동처럼 상권이 좋은 곳이 있으면 '이 자리에다 뭘 하면 될까'를 고민한다. 즉 '이 동네 사람들이 필요로 하는 게 무엇인가'를 살펴보는 것이다. 그것은 음식일 수도, 공간일 수도, 서비스일 수도 있다. 반대로 삼겹살, 칼국수, 곱창, 파스타 등 특별히 내가 잘할 수 있는 메뉴, 즉 자신 있는 아이템이 있으면 그 아이템이 들어갈 만한 상권을 찾는다.

빈틈은 기회를 만든다

처음 장사를 시작하거나 상권에 대한 관심이 있는 사람이라면 특히 '이 동네 사람들이 필요로 하는 게 무엇인가'를 곰곰이 생각해 볼 필요가 있다. 내가 필요로 하는 걸 다른 사람도 필요로 할 수 있기 때문이다. 돼지찌개 전문점 이야기를 마무리하기에 앞서 이와 관련된 짧은 에피소드 하나가 있다.

고등학교 때의 일이다. 지금은 당구장이 실내 체육시설로 분류되지만 1980년대만 해도 분위기가 사뭇 달랐다. 동네 불량배와 노름꾼이 잔뜩 모여 온종일 담배를 태우고 고스톱과 카드를 치는 유해시설에 가까웠다. 내가 중학생이 될 때까지 당구장은 유해시설로 분류되어 청소년 출입 금지 구역이었는데, 고등학교 1학년 무렵 실내 체육 시설로 변경됐다.

그런데 마침 당구장의 인기가 시들해지면서 동네 당구장이 많이 사라졌다. 퇴근 후 성인 남성들이 술집 외에 마땅히 갈 곳이 없어진 것이다. 지금이야 PC방, 스크린 골프장 등 다양한 취미 시설이 있지만 당시만 해도 성인 남성들의 유일한 안식처가 바로 당구장이었다. 이에 퇴근 시간이 지나면 회사원과 공무원, 자영업자 등 너나 할 것 없이 시내에 있는 당구장으로 몰려들었다.

_____ 상권의 빈틈

학교 수업이 끝나는 오후 4시, 나와 친구들은 당구를 치기 위해 매일 택시를 잡아타고 대구 시내로 나갔다. 행여 출출함을 달래기 위해 밥이라도 먹으면 당구장이 만석이라 그날 게임은 포기해야 했다. 이런 경험을 몇 번 하고 나자 당구장이 '사업'으로 보이기 시작했다.

당시 당구비는 10분에 1,500원으로 한 시간만 쳐도 9,000원이다. 만약 당구대를 10개 놓는다고 가정하면 한 시간에 9만 원의 매출이 발생한다. 헬스장이나 스크린 골프장처럼 고가의 장비가 필요한 것도 아니고 당구대, 당구공, 큐대, 초크, 벽걸이 주판 등 기본 장비만 있으면 고인 물처럼 장사가 되는 구조다. 비슷한 예로 탁구장도 있다.

하지만 탁구는 체력적 한계가 있어 길어야 3~4시간밖에 치지 못한다. 당구는 다르다. 여건만 허락하면 9~10시간 넘게 치는 사람이 수두룩하다. 당시 알바비가 시간당 4,000원 이하였기에 엄청나게 남는 장사라는 판단이 섰다.

무엇보다 나부터도 동네에 당구장이 없어 불편함을 겪고 있었으니, 대기 수요자도 충분할 것 같았다. 최악의 경우 친구들만 단골로 만들어도 손해는 보지 않을 것이다. 이런 결론을 내린 후 부모님을 상대로 신나게 사업 설명회를 개최했지만 당연히 통과하지는 못했다.

어쨌든 여기서 중요한 포인트는 평소 '이 동네 사람들이 필요로 하는 게 무엇인가'를 꾸준히 생각한다는 것이다. 개인적으로 어디를 가든 이 생각을 가장 먼저 한다. 이런 훈련을 반복하다 보면 어느 순간 자연스럽게 상권의 빈틈이 보인다. 빈틈은 기회를 만든다. 상인동의 빈틈이 돼지찌개 전문점으로 이어진 것처럼 말이다.

———— **보증금 2,000만 원, 월세 80만 원**
월 매출 6,500만 원

앞서 이야기했듯 상인동 사람들에게 필요한 건 공간이 넓은 식당이었다. 이에 주위 사람들의 걱정과 만류를 뒤로하고 60평 지하 물류창고를 월세 80만 원에 계약했다. 쾌적한 느낌을 주기 위해서 1층부터 지하 매장으로 내려오는 계단에 인조잔디를 깔고 웨이팅 공간에 나무 조경을 넣어 미니 공원을 조성했다. 미니 공원에는 웨이팅 손님이나 식사를 마친 사람들이 편이 앉아 쉬도록 벤치를 가져다 놓았다. 그리고 홀에는 15개의 테이블을 배치했다. 보통 이 정도 규모라면 30~40개 테이블이 들어간다. 당장 매출을 생각하면 더 많은 테이블을 배치하는 게 맞다. 하지만 이는 편안하고 안락한 휴게소 같은 식당을 구현하고 싶었던 애초의 목표와 멀어지는 행위다. 다른 식당과의 차별성이 사라진다는 건 경쟁력을 포기하는 것과 같다. 확신이 있다면 처음 목표대로 꾸준히 밀고 나가야 한다.

지하라는 핸디캡이 있음에도 오픈과 동시에 사람이 몰려들었다. 그 동네에서 흔히 볼 수 없는 넓은 공간에 대한 입소문이 직장인들 사이에서 빠르게 퍼져 나갔다. 그 결과 보증금 2000만 원, 월세 80만 원 매장에서 6,500만 원의 매출을 찍을 수 있었다. 전국 30여 곳의 체인점 가운데 매출 순위는 3위에 불과했지만 21평에서 월세 800만 원을 내는 강남 매장보다 매출이 높았으니 월세 대비율로는 전국 매출 1위였을 것이다.

_____ 너도 사장, 나도 사장인 도시

돼지찌개 전문점을 무사히 안착시켰을 때 "먹는장사가 차고 넘치는데 그 흔한 찌개로 시장에 뛰어드는 게 걱정되지 않느냐"라고 묻는 사람이 있었다. 맞는 말이다. 먹는장사가 많다. 많아도 너무 많다. 대구는 더 그렇다. 혹시 아는지 모르겠지만 서울 다음으로 자영업자들의 경쟁이 심한 도시가 바로 대구다. "대구에서 성공한 식당은 대한민국 어디서도 성공한다"라는 말이 괜히 있는 게 아니다. 서가앤쿡, 미즈컨테이너, 교촌치킨, 호식이두마리치킨, 신전떡볶이, 토끼정 등 사람들이 알 만한 프랜차이즈의 상당수가 대구에서 시작됐다. 대기업이 없는, 다시 말해 일자리가 없는 지역적 특성으로 생겨난 현상이다.

어린 시절 매일 놀기만 하는 나를 보고 어른들은 "그렇게 공부 안 하면 식당 직원을 하거나 식당 알바로 먹고 살아야 한다"라고 하셨다. 직업을 비하하는 게 아니라 그만큼 대구에 일자리가 없는 현실을 자조하신 것이다. 대기업이 없는 대구에서 먹고 살려면 어쩔 수 없이 장사를 생각하게 된다. 칼국숫집 사장이 칼국수를 팔아 얻은 수익으로 고기를 사 먹고, 정육점 사장이 고기를 팔아 얻은 수익으로 옷을 사 입는 구조다. 한마디로 너도 사장, 나도 사장이다. 자영업자에게 대구는 고인 물이자 제 살을 깎아 먹으며 버티는 자급자족의 도시다.

상황이 이렇다 보니 경기에 유독 민감하다. 내가 하는 장사가 안되면 정육점이 망하고 정육점이 망하면 옷 가게가 힘들어진다. 폐업의 여파가 도미노처럼 옆 가게를 덮치는 것이다. 그럼에도 분명 내가 들어갈 틈은 존재한다. 상인동이 바로 그런 곳이었다.

장사는 '내가 그 상권의 불편 요소를 해결할 수 있는가'를 판단하는 게 가장 중요하다. 그리고 메뉴와 가격, 친절도, 매장의 분위기 등 뭐 하나라도 기존 가게들을 뛰어넘을 수 있다고 판단될 때 시작해야 한다. 반대로 메뉴와 가격, 친절도, 매장의 분위기 등에서 단 하나라도 기존 가게를 뛰어넘을 수 없다는 결론이 나오면 절대로 들어가선 안 된다. 이미 기울어진 운동장에서 벌어지는 경기에는 함부로 뛰어드는 게 아니다.

자기절제

하기 싫은 일을 먼저 하라

금수저, 건물주가 아닌 이상 돈을 모으는 방법은 3가지밖에 없다. 지출을 줄이거나, 소득을 늘리거나, 투자를 통해 자산을 늘리는 것이다. 로또나 주식, 코인 등 일확천금으로 인생을 바꾼 사람들의 이야기가 심심찮게 들려오지만 이는 선택받은 몇몇 사람의 일이므로 여기서는 제외한다. 그런데 현실적으로 20~30대가 소득을 늘리는 데는 한계가 있다. 레버리지를 이용한 투자도 일정 규모의 종잣돈이 있어야 가능하기 때문이다.

그렇다면 이제 막 사회생활을 시작한 20~30대가 현실적으로 돈을 모을 수 있는 방법은 단 하나, 지출을 줄이는 것이다. 너무 뻔하고 도덕 교과서 같은 이야기라서 미안하지만 세상 이치가 그렇다. 그런데 요즘 사람들을 보면 돈을 써야 할 '시점'을 착각하는 듯하다. 임시 소득, 그러니까 아직 발생하지도 않은 미래 소득을 실제 소득이라고 생각한다. 통장 잔고가 0원이라도 신용카드라는 소비 여력이 있으니 일단 쓰고 월급을 받아서 갚는 식이다.

_____ 돈을 써야 하는 시점은 따로 있다

돈을 써야 할 '시점', 그러니까 명품 백이나 자동차를 구입해야 할 시점은 아르바이트를 계획할 때나 시작할 때가 아니다. 취업이 확정됐거나 출근 날짜를 받아 놓은 시점도 아니다. 소비를 해야 할 시점은 내 노동의 대가, 즉 급여가 통장에 입금된 이후여야 한다.

직원들이 마시는 커피값, 식대, 회식비 등은 자유롭게 허용하는 내가 유일하게 인색한 부분이 바로 가불이다. 장사하는 지인들에게도 가불은 절대 해주지 말라고 말한다. 그러면 지인들은 가게를 위해 열심히 일하는 사람에게 그 정도 배려도 못 해주는 사장이 무슨 사장이냐고 반문한다. 자기도 돈이 급하면 숨이 턱턱 막히는데 애들이 오죽 급하면 가불까지 하겠냐는 것이다. 가불을 해주지 말라는 것은 그들을 돕지 말라는 의미가 아니다. 나쁜 습관을 답습하는 데 일조하지 말라는 뜻이다.

딱히 물려받을 재산도 없고 돈 버는 재주가 있는 것도 아니고 급여 생활로는 내 집 한칸 마련하기 어렵다고 투덜거리는 후배 A가 있다. 어차피 이번 생은 망했으니 현재를 최대한 즐기며 살겠다고 노래를 부르는 녀석이다. 그런 A가 운 좋게도 안정적인 직장에 취직했다. 첫 월급을 받은 후 신이 난 A는 평소 눈여겨봐 뒀던 고가의 구두를 구매했다. 그런데 구두를 사고 보니 그에 어울릴 만한 슈트가 없더란다. 구두에 맞춰 슈트를 구매하고 보니 이번에는 가방이 문제였다. 가방은 안경으로, 안경은 다시 시계로 이어졌다. 결국 A는 갖고 → 쓰고 → 갖고 → 쓰는 악순환의 고리에 빠져들고 말았다. 이를 악물고 한두 달만 소비를 멈추면 카드값에 쫓기지 않는 선순환의 사이클로 들어갈 수 있는데, 그 한두 달을 참지 못해 카드값의 노예가 된 것이다.

그러더니 갑자기 로또, 코인, 주식, 스포츠 토토 등에 빠지기 시작했다. "형, 나는 코인으로 큰돈 벌 욕심 없어요. 그럴 그릇도 안 되고. 그냥 뭐 하루 커피값이나 치킨값이나 벌려고 하는 거예요." 하지만 A는 커피값은커녕 원금 회수도 하지 못하고 있다. 오죽하면 "투자를 안 하는 것도 투자다"라는 말이 있겠는가.

달콤하고 맛있는 빵은 혀를 즐겁게 하지만 몸에는 이로울 게 없다. 순간적인 즐거움을 자극하는 충동적 소비 또한 마찬가지다. 살만 잔뜩 찌우면서 건강을 망치는 패스트푸드처럼 충동적 소비는 내일의 나를 빚의 노예로 만든다. 더 많이 배우고, 더 좋은 생각을 떠올리고, 더 좋은 사람을 만날 기회를 원천적으로 봉쇄한다.

——— 술 먹지 말 것, 외롭게 살 것, 친구들과 연락하지 말 것

갚고 → 쓰고 → 갚고 → 쓰는 악순환에서 벗어나고 싶다는 A에게 내가 요구한 것은 딱 3가지다. 술 먹지 말 것, 친구들과 연락하지 말 것, 외롭게 살 것! 이렇게 말하자 A는 억울한 표정으로 물었다.

"무슨 부귀영화를 누리겠다고 인생을 그렇게까지 살아야 합니까?"

"니 말이 맞다. 근데 A야, 니 친구들 직장 다니고, 편의점 알바 하고, 배달 라이더 뛰면서 게임 캐릭터 키울 때 너는 니 자신을 키운다고 생각해라. 딱 일 년만 미친놈처럼 니 자신을 가둬 봐라. 그리고 하기 싫은 일을 먼저 해라. 아마 일 년 뒤면 엄청 피폐해져 있을 끼다. '내가 이게 뭐하는 짓이고?'라는 생각이 들 때도 있을 끼다. 근데 그 피폐함은 니가 그만큼 열심히 살았다는 증거다. 대신 통장을 봐라. 일 년 만에 1,500만 원을 모은 사람이 되는 기라. 니가 1,500만 원을 모을 동안 친구들은 저금은커녕 1,000만 원의 카드 빚만 남는다. 그렇게 2년 지내 봐라. 너는 이제 3,000만 원을 가진 사람이 된다. 그쯤 차를 사고 싶으면 차 한 대를 사라. 근데 정상적인 놈이면 차를 사고 싶지 않을 끼다. 왜? 절약하는 습관이 몸에 배고 돈 불리는 기쁨을 알았기 때문이다. 그렇게 4~5년만 살아 봐라. 니 통장에 최소 8,000만 원 이상 꽂힌다. 이제 니 인생은 선순환의 사이클로 돌고, 니는 어느새 사기 캐릭터가 돼 있을 끼다. 형아가 장담할게."

결국은 자기절제의 문제다. 스스로 통제하고 절제할 수 없다면 나 자신을 가두는 수밖에 없다. 하루 12시간씩 주 6일 노동을 한다고 생각해 보라. 퇴근 후면 집에 가서 자기 바쁘고 아침이면 기계적으로 일어나 일터로 향하는 것도 힘들다. 잡생각이 떠오를 틈이 없도록 자기 몸을 혹사시켜야 한다. 돈 쓸 시간이 없도록 일에 미쳐야 한다. 딱 일 년만 그렇게 살면 마이너스였던 인생이 플러스로 전환된다. 사기를 당하거나 묻지마 투자, 무지성 투자를 하지 않는 이상 평생 마이너스가 날 일이 없다.

자기 자신을 통제할 수 없다면 쉽고 편한 일자리를 찾아서는 안 된다. 스스로를 제어할 수 있을 때까지, 쓰는 기쁨보다 모으는 기쁨이 더 커질 때까지, 마이너스 발상이 플러스 발상으로 전환될 때까지 일부러 더 힘들고 더 시간에 쫓기는 일자리를 찾아 본인을 가둬야 한다. 워라벨, 소확행도 중요하지만 인생은 원래 즐기면서 살 수만은 없다. 돈, 시간, 청춘을 즐기는 데만 사용하면 중년 이후 거지꼴을 못 면한다. 지금은 나이가 어려 찾아주는 곳이라도 있지만 나이가 들면 그 기회마저도 사라진다. 대체 인력이 많은 서비스업은 더 그렇다. 5년 후, 10년 후 얻을 경제적 자유와 윤택한 삶을 위해 '한 살이라도 어린 오늘의 나'를 가둘 필요가 있다.

그러니 눈 딱 감고 나 자신을 가둔 채 핑계 대지 말고 하기 싫은 일을 먼저 하라. 그것이 마이너스 인생을 플러스 인생으로 바꾸는 유일한 방법이다.

——— 나 자신을 성장시킬 절호의 기회

흔히 말하듯 인생은 선택이다. 오늘의 내 선택이 내일의 나를 행복하게도, 불행하게도 만든다. 나는 내일 행복하기 위해 항상 하기 싫은 일을 먼저 한다. 다른 사람들이 투두 리스트(to-do list) 또는 버킷 리스트를 만들어 '하고 싶은 일'을 먼저 할 때 나 자신을 괴롭히는 최악의 일, 골치 아픈 일을 최우선으로 처리한다.

하기 싫은 일이라는 것도 적응하면 어느덧 '해 볼 만한 일'이 되고 좀 더 시간이 지나면 '아무렇지 않은 일'이 된다. 운이 좋으면 하기 싫은 일이 '하고 싶은 일'이 되는 기적을 만날 수도 있다. 개인적으로는 운동이 그렇다.

하기 싫은 일을 먼저 하면 어느새 '하고 싶은 일'만 남게 된다. 불편한 일이 줄어드니 삶이 평온해지는 것이다. 물론 단점도 있다. 개인적으로 '문제(하기 싫은 일, 귀찮은 일)를 해결하면 한 단계 성장한다'라는 삶의 공식을 만들어 뒀기 때문에 업무에서 아무런 문제가 발생하지 않으면 오히려 불안하다. 때로는 '더는 성장할 수 없는 걸까?'라는 두려움에 시달리기도 한다. 문제를 해결하는 과정에서 얻은 경험과 노하우가 나를 성장시키는 가장 큰 동력이기 때문이다. 그래서 일부러 문제를 만들거나 문제가 있는 곳을 찾아다니기도 한다. 옷 가게, 분식집, 닭강정 가게, 돼지찌개 전문점, 곱창집, 식육식당, 패밀리레스토랑, 조조칼국수, 육가공업체, 밀키트까지 끊임없이 새로운 일에 도전하는 이유도 여기에 있다. 새로운 과제를 해결하는 과정에서 느끼는 그 짜릿한 성취의 기쁨을 포기하지 못하는 것이다.

혹시 요즘 인력이 자꾸 이탈하는가? 그렇다면 직원 관리의 허점을 보완할 수 있는 아주 좋은 기회다. 창업했는데 손님이 없는가? 그렇다면 한 사람, 한 사람에게 집중해 남다른 친밀감을 쌓을 수 있는 아주 좋은 기회다. 오픈발이 끝났는가? 그렇다면 허수가 사라지고 진짜 내 실력을 확인할 수 있는 아주 좋은 기회다.

어떤 문제가 발생하면 늘 그것으로부터 얻는 '좋은 무언가'가 있다. 해결책을 찾고 나 자신을 성장시킬 절호의 기회를 절대 놓치지 마라.

'욕심값'을 내지 않고는
그 무엇도 얻을 수 없다

요즘 가장 많이 들리는 말 가운데 하나가 "적게 일하고 많이 벌고 싶다" "건물에서 나오는 월세나 받으며 살았으면 좋겠다"라는 것이다. 누구는 부동산으로 벼락부자가 되어 조기 은퇴를 했다는데, 누구는 코인으로 돈 복사에 성공해 외제 차를 몬다는데 매달 통장을 스쳐 지나가는 급여를 보면 도저히 일할 맛이 안 난다고도 한다.

코인이 불장이었을 당시 매장에 식사하러 온 손님의 80퍼센트가 코인 이야기를 했다. 20대 청년부터 80대 어르신까지 식사 시간 내내 손에서 핸드폰을 놓지 못했다. 상대의 얼굴만 봐도 보유 종목이 상승 추세인지 하락 추세인지 짐작할 수 있었다. 오죽하면 나를 제외한 모든 사람이 코인을 하고 있는 듯한 느낌마저 받았다.

그런데 '돈을 벌고 싶은 사람'과 '이미 많은 돈을 번 사람'의 우선 순위가 다른 듯하다. 돈을 벌고 싶은 사람은 빚투, 영끌, 묻지마 투자, 무지성 투자를 기본으로 부를 축적하려 하고, 이미 돈을 번 사람은 다음 3가지 조건을 통해 돈을 다루는 힘을 키우려고 한다. 돈을 버는 능력, 이를 담을 그릇, 돈을 지키는 지혜가 바로 그것이다. 3가지 중 하나라도 부족하면 돈은 결코 자신을 내어주지 않는다.

특히 돈을 다룰 능력이 없는 사람에게 찾아온 일확천금은 어린 아이에게 칼자루를 쥐어 주는 것과 같다. 본인은 물론 주변 사람에게까지 큰 화를 입히고 만다. 코인이 불장이었을 당시의 일이다.

_____ **돈에 체한 사람들**

어느 날 친구 B가 찾아왔다. 동전 코인에 3,000만 원을 투자했는데 무려 30억 원 이상의 수익을 올렸다는 것이다. 솔직히 이름 없는 잡코인에 3,000만 원을 투자한 용기가 대단하다고 생각한다. 야수의 심장을 가진 건지 무모한 건지 모르겠지만 어찌 됐든 잃지 않고 큰돈을 벌었으니 축하할 일이다. 그리고 앞으로 어떻게 할지가 중요하다.

투자 상담을 요청하기에 당장 그 돈을 모두 찾으라고 조언했다. 그가 돈의 무게를 감당하지 못해 심리적으로 흔들리는 게 보였기 때문이다. 내 그릇이 작다면 이를 키우기 전까지 돈을 다른 그릇에 맡겨놓는 게 낫다. 특히 코인 같은 고위험자산에서 벌어들인 수익은 부동산과 같은 안전자산으로 이동시키는 게 바람직하다. 투자 고수들은 이것을 에셋 파킹(asset parking)이라고 한다. 에셋 파킹은 자산(asset)과 주차(parking)가 합쳐진 말로 정치, 경제가 불안정한 개발도상국의 부호들이 선진국의 부동산에 자산을 묻어 두는 것에서 유래됐다.

당시 무주택자였던 B에게 10억 원으로 아파트를 매입한 후 남은 20억 원을 레버리지로 활용해 80억 원짜리 건물을 추가 매입할 것을 권유했다.

"은행 이자는 건물에서 나오는 월세로 해결하고 '그 건물은 내 건물이 아니다' '나는 건물이 없는 놈이다'라고 생각해라. 내 말대로 그렇게 3년만 살면 너는 한 달에 2,000만 원씩 써도 마이너스가 나지 않는 생활을 할 수 있다."

80억 원짜리 건물은 가만히 있어도 최소 연 8퍼센트 정도 가격이 상승한다. 20억 원을 투자해서 연 6억 원을 그냥 벌 수 있는 것이다. 연 수익률로 따지면 무려 30퍼센트에 해당하는 금액이다. 건물 가격만 오르느냐? 아니다. 월세도 함께 오른다. 말 그대로 돈이 마르지 않는 샘물을 갖게 되는 것이다. 참고로 당시 B에게 매입을 권유한 10억 원짜리 아파트는 일 년 후 16억 원이 됐다.

부동산에 대한 지식이 전혀 없는 친구였기에 적당한 건물이 나오면 연결해주겠다고 말한 뒤 기분 좋게 자리를 마무리했다. 그런데 얼마 후 청천벽력 같은 소식이 들려왔다. B는 수익을 현금화하지 않았고, 그새 코인이 폭락하여 30억 원이 6억 원이 돼버렸다는 것이다.

본전이 3,000만 원이었다는 것을 생각하면 6억 원도 결코 적지 않은 돈이다. 하지만 이런 경우 남은 6억 원은 눈에 들어오지도 않는다. 남은 6억 원도 바로 현금화해야 내 돈이 된다. 6억 원이 다시 3,000만 원이 될지, 300만 원이 될지는 그 누구도 모를 일이다.

B는 만져 보지도 못하고 허공으로 날린 27억 원에 대한 아쉬움으로 일상생활이 불가능할 정도의 큰 홍역을 치렀다. 지금이라도 남은 6억 원을 현금화해야 하는데, 그 돈이 언제 다시 30억 원이 될지 모르니 쉽게 꺼낼 수도 없다. 투자한 금액에 제곱의 제곱, 그 제곱의 제곱을 벌 수 있으리라고 생각하는 것이다. 돈에 체하면 약도 없다는 말이 딱 맞다.

_____ **단순한 요행에 인생을 걸지 마라**

후배 C가 있다. 평범한 직장인인 C도 3,000만 원을 투자해 12억 원의 수익을 올렸다. 이런 이야기를 들을 때마다 남들은 어쩌면 그리 쉽게 돈을 버는지 신기할 따름이다. 아무튼 수익금으로 슈퍼 카를 사고 싶다는 C에게 "슈퍼 카를 사든 아파트를 사든 네 마음대로 하고, 일단 현금화부터 하라"고 조언했다. 그런데 며칠 뒤 만난 C도 돈을 못 빼고 있었다. 그새 고점 대비 20퍼센트가 하락했다는 것이다. 남은 수익이라도 당장 찾는 게 좋겠다고 권유했으나 C는 다시 고점을 회복하리라는 희망의 끈을 놓지 않았다.

아니나 다를까, 그 돈은 단 며칠 만에 10분의 1로 쪼그라들고 말았다. 그리고 남은 돈을 또다시 재투자하여 큰 손해를 봤다.

이런 상황에서는 어지간한 멘털로는 정상적인 생활이 불가능하다. 실제로 B와 C는 꽤 오랜 기간 직장 생활을 제대로 하지 못했다. 신기루같이 사라진 돈에 대한 미련과 언젠가 또다시 찾아올 기회를 놓치지 않기 위해 온종일 차트만 들여다보고 있었다.

투자가 나쁘다는 게 아니다. 문제는 단기간에 큰돈을 벌려는 욕심이다. 투자할 거면 공부를 제대로 하겠다는 각오로, 하나의 기술을 배운다는 생각으로 돈보다 '시간'을 먼저 투자해야 한다. 단순한 요행에 인생을 걸지 말라는 말이다.

흔히 "실패는 성공의 어머니"라고 말하는데, 솔직히 실패를 경험하지 않고 성공할 수 있다면 누구나 그 길을 선택할 것이다. 구태의연하기 그지없는 성공 스토리라는 키워드가 여전히 사람들에게 먹히는 이유도 여기에 있다. 실패에 대한 서사를 논할 때 '잃은 것' 말고 그 과정에서 '얻은 것'에 집중하라고 말한다. 하지만 처음부터 잃지 않는 게임을 하는 게 중요하다. 수많은 투자 전문가도 '돈을 버는 것보다 내 돈을 지키는 것'을 강조한다.

　10인용 압력밥솥에 20인분의 밥을 지을 수 없는 것처럼 결국 돈은 내가 가진 그릇의 크기만큼 고인다. 더 많이 가지기 위해 집착하고 욕심을 부리면 그 무게를 이기지 못한 그릇은 제 스스로 깨진다. 그리고 욕심은 반드시 그 값을 요구한다. 실제로 B와 C는 자신들의 '욕심값'으로 '큰 손실'을 지불해야 했다. 돈이든, 시간이든, 노력이든, 정성이든 욕심값을 내지 않고는 그 무엇도 얻을 수 없다.

대책 없는 후불 인생을 경계하라

술에 취한 사람들을 보면 제 몸 하나 제대로 가누지 못할 정도로 비틀거리면서도 좀처럼 만취했음을 인정하려고 하지 않는다. 성공에 도취된 사람도 마찬가지다. 만취한 사람처럼 몸을 흔들거리면서 자신은 똑바로 걷고 있다고 말한다. "자만하지 않겠다" "초심을 잃지 않겠다" "받은 사랑을 돌려주겠다"라고 외치는 순간에도 그들의 어깨는 한껏 올라가 있다.

지금 걷고 있는 길이 위험하다고 아무리 경고해도 눈과 귀를 막은 그들은 걱정하지 말라면서 낭떠러지로 취한 걸음을 옮긴다. 눈부신 성과, 쏟아지는 주위의 찬사, 하루가 다르게 늘어나는 통장의 잔고에 취한 결과다.

한 가지 예로 이름만 대면 알 만한 어느 프랜차이즈 대표는 현재 자기 집조차 없는 상태다. 공격적인 투자 때문이라고 말하지만 속사정은 그렇지 않다. 과도한 소비에 빠진 결과 그 많던 돈이 허공의 연기처럼 사라져버린 것이다. 속 빈 강정 같은 회사는 언제 허물어져도 이상하지 않은 상황이다.

시드머니도 없는 상태에서 재투자라는 명목으로 매장 확장에 열을 올리는 사람도 있다. 하지만 이 또한 투자가 아니라 소비 영역에 가깝다. 거래처 사장님들 가운데 한 사람은 만날 때마다 새로운 매장 오픈 이야기를 한다. 실제 울산 번화가에서 매장을 4곳이나 운영하는 재력가이기도 하다. 그런데 월말이면 상황이 달라진다. 고기 결제 대금 500만 원이 없어서 전화를 피하고 통화가 되면 늘 앓는 소리를 하기 바쁘다. 그러고는 그 비싼 수수료를 물어 가며 카드 할부로 대금을 결제한다.

_____ **성공에 도취된 사람들**

성공에 도취된 사람들이 미처 고려하지 못하는 부분이 하나 있다. '자영업자=시한부 인생'이라는 사실이다. 가게 문을 6개월 후에 닫느냐, 1년 후에 닫느냐, 10년 후에 닫느냐 하는 시간의 차이일 뿐 모든 가게는 언젠가 문을 닫게 되어 있다. 외국은 수백 년 대를 이어가는 가게도 적지 않지만 우리나라에서는 사실상 불가능하다. 가치로 인정받지 못하기 때문이다. 내가 조조칼국수의 생명력을 6개월에서 1년으로, 1년에서 3년으로, 3년에서 10년으로 연장하려는 노력을 쉼 없이 하는 이유도 여기에 있다.

하지만 성공에 취한 사람들은 지금의 영광을 평생 누릴 수 있다고 착각한다. 마치 소원을 들어주는 요술 램프라도 발견한 듯 지금과 같은 수익이 계속 통장에 쌓이리라는 환상에 사로잡혀 있다. 돈을 버는 능력은 있으나 이를 지킬 지혜가 없기에 수익을 주는 자산이 아니라 사는 순간 부채나 마이너스로 전환되는 소비에 올인한다. '오늘 빌려쓰고 내일 갚으면 된다'라는 대책 없는 마인드로 후불 인생을 선택하는 것이다.

일명 대박집 사장이나, 고수익을 올리는 전문직 중 일수를 쓰는 사람이 적지 않다. 쉽게 이해할 수 없겠지만 사실이 그렇다. 실제로 월수익이 2,000만 원 정도 되는 식당 주인이 한 명 있다. 남들이 들으면 헉 소리 나는 수익이지만 그는 매번 사람들에게 돈을 빌린다. 매월 1,500만 원을 쓰기 때문이다. 그렇다고 해도 500만 원이라는 큰돈이 남아 있는데, 돈을 빌리러 다니는 이유가 무엇일까? 안타깝게도 이 500만 원은 이미 빌린 일수 또는 대부 업체의 이자로 나가고 없다.

그가 이런 악순환에 빠진 이유는 '평생 2,000만 원을 벌 수 있으리라는 착각' 때문이다. 당장 이번 달 수익이 1,000만 원으로 감소해도 그는 소비를 줄이려는 노력을 전혀 하지 않는다. 부족한 금액은 일단 빌리고 벌어서 갚으면 된다고 생각하는 것이다. 하지만 살인적인 이자를 감당하지 못한 그는 결국 얼마 전 파산 신청을 하고 말았다.

단순하게 산술적으로 계산해 보자. 월 수익 1,000만 원이라고 하면 하루 평균 수익은 30만 원이 조금 넘는다. 15일 동안 소비를 참으면 500만 원이라는 큰돈을 모을 수 있다. 하지만 이들은 그 일주일을 참지 못한다. 대신 500만 원을 먼저 당겨쓰고 하루 30만 원씩 30일 분할해서 900만 원을 갚는 방법을 선택한다. 상황이 이렇다 보니 수억 원을 벌었어도 수중에는 몇백만 원의 현금이 없다.

착한 욕망 vs. 나쁜 욕망

이들은 일 년 만기 적금을 타서 기뻐하는 사람을 보면 "그 돈을 투자했으면 지금쯤 그랜저 한 대는 뽑았겠다"라고 말하고, 어렵사리 가게를 오픈한 사람에게는 "그 아이템으로 장사가 되겠어? 그렇게 감이 없어서야… 어떻게 내가 한번 알아봐 줘?"라고 말한다. 어떻게든 살아 보겠다고 발버둥을 치는 사람에게 "장사 좀 잘된다고 사람이 변했다" "나도 그 정도 돈이 있으면 못할 게 없다" "부모 잘 만난 덕에 입만 살았다" "별것도 아닌 일로 잘난 척한다"라는 말로 의지를 꺾으려 든다.

흔히 인격은 잔고에서 나온다고 하는데, 딱히 그런 것만도 아닌 듯하다. 잔고는 풍족할지 몰라도 인격이 빈곤한 사람이 의외로 많다. 결국 인격은 잔고가 아닌 태도에서 나오는 것이다.

그러므로 링 위에 올라가 사생결단의 각오로 싸우는 사람에게 응원은 하지 못할망정 어서 빨리 수건을 던지라고 유혹해서는 안 된다. 이를 악물고 투혼을 불사르는 사람에게 기권을 권하고 자신과 같은 구렁텅이에 앉아 있자고 권해서도 안 된다. 나는 지금까지 타인의 노력을 허무함으로 깎아내리는 사람들 가운데 자기 인생을 제대로 사는 사람을 보지 못했다.

"이 세상에는 자신을 풍요롭게 하는 착한 욕망과 착한 욕망을 축소시키거나 파괴하려는 나쁜 욕망이 있다"라는 어느 철학자의 말이 있다. 나와 주변을 이롭게 하며 스스로를 발전시키는 욕망, 다른 사람을 속이거나 상처 주는 욕망이 아니라면 그 어떤 욕망도 손가락질을 받아서는 안 된다. 하지만 방향성을 잃은 욕망은 블랙홀처럼 주변의 모든 것을 집어삼킬 뿐이다.

인생은 조조칼국수 김승현 대표를 만나기 전과 후로 나뉜다

김승현 대표가 쓴 책에 나의 글이 함께 올라가도 될지 의문이다. 나는 이 사람을 슈퍼휴먼이라 부르고 싶다. 나는 김승현 대표와 유튜브 휴먼스토리의 촬영을 위해 10번 이상 만나 100시간 이상을 촬영했다. 그의 진솔한 이야기와 생각을 가감 없이 담아내어 편집할 수 있었던 건 큰 행운이라고 생각한다. 편집을 위해 영상을 수십, 수백 번 돌려 보면서 그의 표정과 눈빛, 진정성 있는 답변을 계속 봐왔기에 그 누구보다 김승현 대표의 진정성과 진심을 잘 안다고 생각한다. 그래서 이 책을 읽는 독자들에게 그의 비상함을 가장 잘 전달할 수 있을 거라는 생각에 이 글을 쓰게 됐다.

내가 유튜브 촬영을 하며 만난 사업가들 가운데는 대단한 사람이 많았다. 그런데 그중에서도 특별한 사람이 바로 김승현 대표가 아닐까 한다. 전화로 사전 미팅을 한 후 얼굴도 모르는 그를 만나러 대구로 내려가는 길, 살짝 긴장되는 건 어쩔 수 없었다. 남들은 가게 하나도 성공시키기 어렵다는데 무려 25개 매장을 단 한 번의 실패 없이 흑자를 냈다는 것도 신기하고, 120억 원 이상 매출을 올리는 사업가라고 하니 왠지 냉철하고 날카로운 성격의 소유자가 아닐까 싶었다.

하지만 실제로 만난 그는 짧은 스포츠머리에 푸근한 사투리를 쓰는 30대의 젊은 딸바보 아빠였다. 마치 몇 년 알고 지낸 사람처럼 격의 없이 다가와 곁을 내어주는 것은 물론이고 몸에 밴 배려로 촬영 내내 분위기를 편안하게 이끌어 주었다. 처음 촬영하는 사람이라고는 믿을 수 없을 정도의 여유를 보이며 내 실력을 마음껏 발휘하도록 판을 벌인 그였다.

내가 이 사람을 슈퍼휴먼이라 칭하는 이유는 따로 있다. 남과 하나도 다를 것 없는 일반인이지만 그에게는 아주 특별한 비상함이 있다. 그것은 바로 절대로 놓치지 않는 '배려의 마음'과 '남을 돕고자

하는 이타심'이다.

거짓의 가면은 언젠가 벗겨지기 마련이다. 하지만 내가 김승현 대표를 100시간 이상 촬영하며 관찰한 결과, 주변인을 배려하는 마음은 절대로 보여주기식이나 겉치레가 아니었다. 그는 항상 상대방을 진심으로 대하고 그 사람의 입장과 눈높이에 맞춰 생각하며 배려하는 걸 잊지 않았다. 물론 사업 성공 비결이야 많겠지만, 내가 생각하는 김승현 대표의 성공 노하우는 남을 도우려는 마음, 이타심과 배려가 아닐까 싶다.

대가 없이 남을 돕는 일이 얼마나 힘든지 해 본 사람은 알 거라고 생각한다. 하지만 그는 남을 돕고 그 사람이 행복해하면 그것에서 행복감을 느끼는 것 같았다. 그렇기에 계속 사람에 대한 배려와 관심이 이어질 수 있었던 게 아닌가 싶다. 주변 사람과 직원들을 끊임없이 배려하고 도우며, 진심으로 사람을 대하는 그를 보면서 '저건 아무나 할 수 있는 게 아닌데…'라는 엄청난 벽도 느꼈다. 이것이 그를 슈퍼 휴먼이라 부르고 싶은 이유다.

"인생은 조조칼국수 대표를 만나기 전과 후로 나뉜다"라고 말하고 싶다. 그의 도움으로 인생이 바뀐 사람들을 직접 보았기 때문이다.

이 책을 통해 그의 긍정적 마인드와 선한 영향력이 더 많은 사람에게 전달되기를 바라는 마음이다. 마지막으로 많은 어려움을 겪고 있는 소상공인들을 찾아가 함께 솔루션을 고민해 보는 '조조스토리' 채널에도 많은 관심을 부탁드린다.

휴먼스토리(유튜브), 김도훈

돈그릇을 키우는 6가지 방법

2022년 5월 11일 1판 1쇄 발행
2024년 2월 7일 1판 9쇄 발행

지은이 | 김승현
펴낸이 | 이종춘
펴낸곳 | **BM** (주)도서출판 **성안당**
주소 | 04032 서울시 마포구 양화로 127 첨단빌딩 3층(출판기획 R&D 센터)
       10881 경기도 파주시 문발로 112 파주 출판 문화도시(제작 및 물류)
전화 | 031)950-6367
팩스 | 031)955-0510
등록 | 1973.2.1. 제406-2005-000046호
출판사 홈페이지 | www.cyber.co.kr
투고 및 문의 | coh@cyber.co.kr
ISBN | 978-89-315-8610-7 03320
정가 | 17,000원

이 책을 만든 사람들

책임 | 최옥현
기획·편집 | 김수연, 이보람
교정 | 김미경
디자인 | 엘리펀트스위밍
홍보 | 김계향, 유미나, 정단비, 김주승
국제부 | 이선민, 조혜란
마케팅 | 구본철, 차정욱, 오영일, 나진호, 강호묵
마케팅 지원 | 장상범
제작 | 김유석

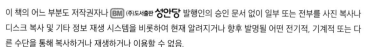 는 (주)도서출판 성안당의 단행본 출판 브랜드입니다.

■도서 A/S 안내

성안당에서 발행하는 모든 도서는 저자와 출판사, 그리고 독자가 함께 만들어 나갑니다.
좋은 책을 펴내기 위해 많은 노력을 기울이고 있습니다. 혹시라도 내용상의 오류나 오탈자 등이 발견되면 "좋은 책은 나라의 보배"로서 우리 모두가 함께 만들어 간다는 마음으로 연락주시기 바랍니다. 수정 보완하여 더 나은 책이 되도록 최선을 다하겠습니다.
성안당은 늘 독자 여러분들의 소중한 의견을 기다리고 있습니다. 좋은 의견을 보내주시는 분께는 성안당 쇼핑몰의 포인트(3,000포인트)를 적립해 드립니다.

잘못 만들어진 책이나 부록 등이 파손된 경우에는 교환해 드립니다.